The Content and Reception of Political Advertising in Japan

政治広告の研究
アピール戦略と受容過程

李 津娥 *Jinah Lee*

新曜社

まえがき

　本書は、これまで日本であまり研究されてこなかった政治広告を対象とした政治コミュニケーションの研究である。それと同時に、政治場面における説得コミュニケーションの研究、政治広告が持つ公共性・社会性の研究でもある。

　広告とメディア研究を専門領域とする筆者は、広告の時代性や社会性に関する関心から、政治場面における広告的情報の特徴とその社会的影響に関心を持ち、政治広告の研究に着手した。その過程で、これまでの研究が必ずしも充分でないと感じたことが本書を執筆したきっかけとなった。

　これまで日本では、政治や選挙の情報源として、メディアの政治報道が注目され、その内容的特徴や効果についても多くの関心が寄せられてきた。一方、政治広告に対しては、政治情報源としての評価が低く、研究の対象となることも多くなかった。しかし、政治に関する「情報」と「経験」をメディアから得ることの多い現代社会においては、メディアによって「媒介」され、「構成」される情報と、政治家や政党側によって直接発信される情報の両面から、政治情報の特徴と影響を検討していく必要がある。そこで、政治広告の特徴とその受容に関する研究を通して政治広告のあり方を検討することを試みた。

　本書の各章は、吉田秀雄記念事業財団の研究報告書、『日経広告研究所報』、『広告科学』（日本広告学会）に掲載された論文、日本社会心理学会とIAMCR（International Association for Media and Communication Research）の年次大会で発表した論文を大幅に修正し、加筆したものである。本書の執筆にあたっては、『新聞に見る政治広告の歴史』（山本武利著、朝日新聞東京本社事業開発室、1972年）をはじめとする関連研究より、多大な示唆を得た。

　本書の出版にあたっては、多くの方々からご支援とご協力をいただいた。第Ⅱ部の第2章と第4章の政治広告の内容分析、第Ⅲ部の第5章から第9章までの政治広告の受容に関する実証研究は、平成20年度第42次吉田秀雄記念

事業財団の助成を得て行われたものである。同財団の助成研究は,「助成研究吉田秀雄賞」奨励賞を受賞し,本書を執筆する上で大きな励みとなった。同財団のご支援がなければ,これほどの規模の内容分析や調査などを実施することはできなかっただろう。大学院生の時も同財団より研究助成をいただき,その研究成果を学会誌論文と博士論文として執筆することができた。ご支援をいただいた吉田秀雄記念事業財団と関係者の皆様に厚く御礼を申し上げたい。

第1章の政治広告の変遷の執筆と第2章の政党広告の分析にあたっては,朝日新聞社やビデオリサーチ社などによるデータベースや資料が大変貴重な研究資料となり,改めて「メディア」の重要性を実感した。膨大な新聞政治広告資料の収集と整理,実験とインタビューは,東京女子大学李ゼミ卒業生の皆様のご協力がなければ,できなかったことである。また,政党CMなどの研究資料,実験室と機材など,研究のご支援をいただいた東京女子大学人間科学科コミュニケーション専攻の教職員の皆様にも心より感謝申し上げたい。

そして,本書は「東京女子大学学会研究叢書」の一冊として東京女子大学より助成を受け刊行された。12年間在職してきた東京女子大学の学会研究叢書の一冊として刊行されることを大変光栄に思っている。同学会と関係者の皆様,本書の初校に対し貴重なコメントをいただいた査読者の方々に感謝申し上げたい。

慶應義塾大学大学院社会学研究科在学時の恩師である青池愼一先生(成城大学社会イノベーション学部教授,慶應義塾大学名誉教授)には,コミュニケーション研究の意義,論理的思考と文章表現の大切さ,研究の姿勢など,多くを学ばせていただいた。先生に心より感謝申し上げたい。いつも応援してくださる先生の奥様にもこの紙面を借りて感謝の気持ちをお伝えしたい。

本書の出版にあたっては新曜社の方々,特に第一編集部の田中由美子氏に大変お世話になった。文章表現に対し貴重なご意見をいただき,校正作業が年末年始と重なったにもかかわらず,労をいとわず熱心にご対応いただいた。厚く御礼を申し上げたい。

筆者の力量不足で,まだまだ不充分で粗い部分が多々あるが,実証研究のデータが古くならないうちに,という思いから,ひとまず出版させていただ

くことにした。本書の出版で，これまで取り組んできた政治広告に関する研究は一段落することになるが，何かが終わるということは，何かが新しく始まるということでもあるわけで，今後もメディア環境と社会の変化，政治状況に常に注目しながら，研究を深めていきたい。機会があれば，今後の政治広告の研究成果についても執筆していきたいと思っている。

今年の4月からは，カナダのUBC（The University of British Columbia）で1年間客員教授として「女性政治家とメディア」に関する研究を行う機会に恵まれた。東京女子大学女性学研究所の研究プロジェクトと第4章の男女候補者広告に関する執筆などがきっかけとなり，同じく政治コミュニケーション研究分野でそれほど注目されてこなかった女性とメディア，政治が関わる領域の研究に取り組んでいきたいと考えている。

最後に，いつも温かく見守ってくれる家族の支えがなければ，本書の出版はなかったであろう。同じ研究者の道を歩み，いつも励ましてくれる夫，李光鎬，毎日を賑やかにしてくれる娘たち，始恩と佳恩。筆者を支えてくれた家族とすべての方々に深く感謝しながら，筆を置く。

2011年2月

李　津娥

目　次

まえがき　i

序　章　政治広告とは何か ……………………………………… 1

1．報道的政治情報と広告的政治情報　1
2．本書の目的と構成　4

第Ⅰ部　政治広告の変遷

第1章　政治広告の成立と展開 ………………………………… 9

1．政治広告史の時期区分　9
2．戦前の政治広告　12
3．戦後の政治広告　14
　●この章のまとめ　25

第Ⅱ部　政治広告の内容

第2章　政党広告の内容的特徴 ………………………………… 29

1．政治広告における争点とイメージ　29
2．政治広告のアピール技法　31
3．政治広告における攻撃性　33
4．新聞政党広告の分析　37
5．政党CMの分析　47
　●この章のまとめ　67

第 3 章　選挙別政党広告戦略 ……………………………………………… 69

　1．2007 年参議院議員選挙広告　69
　2．2009 年衆議院議員選挙広告　75
　3．2010 年参議院議員選挙広告　78
　　● この章のまとめ　84

第 4 章　候補者広告の内容的特徴 ………………………………………… 87

　1．政治広告とジェンダー・フレーム　87
　2．新聞候補者広告の分析　96
　　● この章のまとめ　99

第Ⅲ部　政治広告の受容

第 5 章　政治情報と政治意識 ……………………………………………… 103

　1．政治情報への接触と評価　103
　2．政治意識に対する政治情報の影響　105
　　● この章のまとめ　110

第 6 章　政治情報への接触と評価（1）：首都圏対象質問紙調査 ………… 113

　1．研究方法　113
　2．政治広告への接触と評価　116
　3．政党および候補者選択要因と情報源　122
　　● この章のまとめ　131

第 7 章　政治情報への接触と評価（2）：全国対象 Web 調査 …………… 133

　1．研究方法　133
　2．政治広告に対する評価　137
　3．政党および候補者選択要因　142
　4．政党および候補者選択時の情報源　143

5．政治情報の第三者効果　146
　●この章のまとめ　147

第8章　政治広告の効果 ………………………………………… 149

1．政党 CM に対する反応の構造　149
2．政党 CM の効果　152
　●この章のまとめ　156

第9章　政治広告評価の構造と類型に関する質的分析 ………… 157

1．政治広告評価の構造　157
2．インタビューにみる有権者の政治意識と政治広告評価　163
　●この章のまとめ　169

おわりに：民主主義と広告的政治情報　171

注　173
引用文献　177
付録　184
人名索引　199
事項索引　201

装丁　臼井新太郎

序　章　政治広告とは何か

1．報道的政治情報と広告的政治情報

　今日，有権者が政治過程に直接関わり，政治家や政党と直接的な接触を持つ機会は限られており，有権者の政治に関する情報と経験の多くはメディアによって伝えられるものとなっている。それゆえ政治コミュニケーション研究分野では政治情報が有権者の政治意識と投票行動に及ぼす影響について多くの研究が行われてきた。

　現代の民主主義社会では，国民を代表して国民のための決定を行う人たちを選挙で選んでいる。したがって有権者の政治意識と投票行動に対する政治情報の影響，有権者の投票行動において重要な判断材料となる政治情報の在り方を検討することは，民主主義を実現するうえで大変重要であるといえる。

　政治情報は大きく「報道的情報」と「広告的情報」に分類できる。ホルツーバッハとカイド（Holtz-Bacha & Kaid, 2006）によれば，選挙報道の内容はメディアによって媒介され，候補者が管理することができないのに対し，政治広告の内容は候補者が自由に構成することができるという特徴がある。同様に，高瀬（1999）は政治に関する情報をメディアによる取材と放送出演などの「マスメディアに依存した情報提供」と，選挙ポスター，政見放送，政治広告などの「自主的な判断だけで提供できる情報」[1]に区別している。

　すなわち，政治情報はメディア側の統制度および政治家や政党側の自由度を基準に，

1）新聞と放送，雑誌などのマス・メディアによって「加工」され，「媒介」される政治報道
2）選挙ポスター，新聞と放送の政治広告，政見放送，経歴放送，ホームページなどを通じて政治家または政党・政治団体がその主張およびイメージを有権者に「直接」かつ比較的「自由」に訴えることのできる広

1

告・宣伝的要素の強い情報

に大別できる。

　選挙運動と日常時の政治活動における政治広告の利用は，公職選挙法によって定められており，政治報道のように，マス・メディアによって「加工」され，「構成」される情報ではなく，政治家や政党が直接有権者に訴えることができるという意味で「自由」である。

　これまで日本では，マス・メディアによって媒介される政治報道の特徴とその影響について多くの研究が展開されてきた。しかし，政治コミュニケーション研究分野で，候補者または政党・政治団体から直接発信される情報の特徴とその影響に関する研究成果は乏しい。広告の形態で発信される政治情報が日本の政治過程において果たしてきた役割は決して小さくないが，この問題に関する実証研究の蓄積は少ないのである。

　アメリカでは長期に渡る選挙キャンペーン期間中に，候補者だけでなく，各種利益団体や支持団体などによる政治広告も数多く出稿されている。またメディアの選挙報道では候補者の勝ち負けなどに焦点を当てたものが多く（Cappella & Jamieson, 1997など），争点に関する情報を，メディアによって媒介される「報道」より，候補者が有権者に直接訴えることのできる「広告」から得る傾向も見られる（West, 1997; Patterson & McClure, 1976）。一方，日本では選挙期間が短く，選挙公営[2]の観点から，政治広告の実施においても多くの制限があるため，政治情報源としては日常や選挙時のメディア報道がより重要な意味を持つ傾向がある。

　また前述したように，政治広告は，選挙キャンペーン媒体として候補者や政党が有権者に直接かつ自由にアピールできるという特徴を持つ半面，ホルツーバッハとカイド（Holtz-Bacha & Kaid, 2006）も指摘しているように，客観性の低い意図的，説得的メッセージであるため，その信頼性は政治報道より低い傾向がある。河村（2001）も，制度的要因とともに，政治と広告に対する不信感も日本での政治広告の発展を阻害した一因であると指摘する。政治コミュニケーション研究分野でも，おそらく「政治広告シニシズム」のようなものが存在し，政治広告を研究対象とすることを難しくしてきた側面があったかもしれない。しかし，川上（2002）も指摘しているように，多様化しているメディア環境において，メディアによる政治報道とともに，広告的

政治情報を通して政党と候補者の政治的ビジョンや政策を有権者に示していくことは，有権者がより多様な政治情報に基づいた政治参加と選択ができるようにするために必要である。

次に政治広告の定義について検討する。新聞政治広告の歴史に関する著書の中で，山本（1972）は政治広告を「政党の本部，支部，党首，候補者，第三者の個人，団体などが，選挙時や日常時に政治的理想の実現や政治的権力の獲得，維持，拡大のために，文字や写真，イラストレーションを使って，主義主張や名前，イメージなどの情報をさまざまの広告媒体を通じて民衆へコミュニケートし，自らの期待する方向へ民衆を操作，誘導しようとする広告」[3]と定義している。

また山本（1972）は，政治広告の典型的なものとして「民衆のなかの有権者を出稿者つまり広告主側の陣営に投票行動をさせようとする」[4]選挙広告を挙げている。そして「選挙広告」が，「選挙時に出されるために，自らの都合のよい論点のみを一方的，情動的に提示するプロパガンダ色が濃い」[5]反面，「日常広告」は「民衆を論理的，理性的に説得するPRの要素が強くなる」[6]と指摘する。

各国の政治広告に関する研究をレビューしたホルツ-バッハとカイド（Holtz-Bacha & Kaid, 2006）は，アメリカの状況を踏まえ，候補者や支持団体などによる有料の広告としてきた政治広告の定義を再検討し，各国の状況を勘案し，「個人，政党，集団，政府，または他の組織が，政治的利益を増進するために各種チャンネルを用いて行う管理されたメッセージ」[7]という広義の定義を示している。

公職選挙法で定められている日常時の政治活動と選挙運動の区分と内容，その解釈も政治広告の実施において重要な要素となる。政治活動は，広義には「政治上の目的をもって行われるいっさいの活動」（東京都選挙管理委員会b）のことを言うが，選挙運動と政治活動が厳密に区別される公職選挙法によると，選挙運動は「特定の選挙に，特定の候補者の当選をはかること又は当選させないことを目的に投票行為を勧めること」（東京都選挙管理委員会b）で，政治活動は「政治上の目的をもって行われるいっさいの活動から，選挙運動にわたる行為を除いたもの」（東京都選挙管理委員会b）と定義される[8]。

序　章　政治広告とは何か　3

本書では上記の定義と政治広告の主体，媒体，目的，制度的特徴などを踏まえ，政治広告を「候補者個人または政党・政治団体によって，候補者名や政党名を広く認知させ，政策，主張，公約などの争点を提示・設定し，イメージ形成と向上を通して有権者の支持を獲得し，維持するため，ポスター，新聞，放送，インターネットなどの媒体を用いて行われる選挙期間中の選挙運動または日常時の政治活動で，有権者に直接かつ比較的自由に訴えることのできる広告・宣伝的要素の強い政治情報」と定義する。

2．本書の目的と構成

　これまでの日本における政治広告の内容や表現戦略に関する研究として，以下のようなものがある。明治初期から戦前までの時期を中心に新聞政治広告の歴史を考察した山本（1972, 1984），山本・津金澤（1992），政治情報学の視点から近年の政治広告を考察した高瀬（1999, 2005），1960年代後半の政治広告を考察した河村（2001），2000年衆議院議員選挙における候補者ポスターを量的に分析した東大法・蒲島郁夫ゼミ（2002），1996年衆議院議員選挙の広告を法改正後の政治広告の変容という視点から検討した川上（1998），2001年参議院議員選挙の広告を中心に検討した川上（2002）などである。しかし，戦後の新聞政治広告や近年出稿が増えているテレビ政党CMに関する計量的かつ経年的研究は報告されていない。

　政治広告の受容については，国政選挙などの選挙後に明るい選挙推進協会が実施している選挙の意識調査（2006, 2007, 2008, 2010など），政治広告への接触と評価を分析した山田・平林・稲葉（1996），近年の政党ホームページへの接触行動に関する研究（岡本, 2003; 谷口・堀内・今井, 2004; 小林, 2008など），朝日新聞の読者を対象とした新聞政治広告への接触と評価に関する調査（2007, 2009）などが報告されている。しかし，政治的態度や意識に対する政治広告の影響に関する研究，インタビューなどの質的手法により政治広告の受容を検討した研究，政治広告の効果に関する実証的研究はあまりなされていない。

　本書では，国政選挙における政治広告の内容分析および事例分析により，政治広告において政治的，社会的「争点」がどのように提示され，政党や候

補者の「イメージ」構築のためにどのような訴求戦略が用いられてきたのかを明らかにする。また質問紙調査，インタビュー調査および実験により，政治広告が政治に関する情報源と選挙キャンペーン手段としてどのような機能を果たしているのかを明らかにする。これらの研究を通して，多様化している政治的情報環境における広告的政治情報の在り方を検討することが本書の目的である。

各章の内容は次のとおりである。第Ⅰ部「政治広告の変遷」として，第1章では，政治的，社会的変化，選挙や政治広告と関連する制度的変遷に基づき，日本の政治広告史の時期区分を行い，戦前と戦後の各時期の政治広告の特徴について概説している。

続く第Ⅱ部「政治広告の内容」では，第2章，第3章，第4章の3つの章で，政治広告に関する内容分析と事例分析の結果を検討している。まず第2章では，政治広告における争点とイメージ，アピール技法，政治広告における攻撃性を中心に，アメリカ，イギリス，韓国を中心とした各国の研究を検討し，日本の新聞とテレビの政党広告を対象に行った内容分析および事例分析の結果を検討している。具体的には，戦後の国政選挙における新聞政党広告の言語情報とビジュアルの分析，1980年代末以降の政党 CM の言語情報，音声と映像などの分析を行った。これらの分析により，自民党の長期執権と各時代の政治的，社会的特徴が政党広告にどのように反映されてきたのかという観点から考察を行っている。

第3章では各選挙別政党広告の戦略について検討を行った。第2章の分析は，研究実施時期が2008年であったため，2008年までの政党広告を対象にしたものである。しかし，2009年衆議院議員選挙で日本の政治構図は大きく変化し，政治広告に関しても新たな研究の必要性が生じてきた。そこで，いわゆる「消えた年金」問題が最大争点となり，民主党の躍進が始まった2007年参議院議員選挙，民主党が政権交代を果たした2009年衆議院議員選挙，政権交代した民主党の中間評価という意味を持ち，消費税問題が争点として浮上し，民主党が大きく議席を失った2010年参議院議員選挙という，かつて経験したことのない急激な政治的，社会的変容期における各選挙の政治広告の特徴と政党別戦略について検討を行った。

第4章は，選挙キャンペーンにおけるジェンダーの問題に焦点を当てたも

のである。男性が中心となってきた政界への女性の進出と女性政治家をめぐる現状と問題点，メディア報道のジェンダー・フレームを概観した。そして2005年衆議院議員選挙と2007年参議院議員選挙における新聞候補者広告の言語情報およびビジュアルを対象にジェンダー・フレームの分析を行い，男女政治家の争点提示とイメージ訴求戦略について比較検討した。

　第5章から第9章までは，第Ⅲ部「政治広告の受容」として，政治広告の受容に関する量的分析，政治広告評価の構造と類型に関する質的分析の結果を検討する。第5章では，政治情報への接触と評価，政治意識に対する政治情報の影響に関する研究を検討した。第6章と第7章では政治広告への接触と評価，政党および候補者選択時の要因と情報源など，政治広告を中心とする政治情報の受容に関する質問紙調査とWeb調査の結果を述べる。続く第8章では，政党CMを呈示刺激とした実験により政治広告の効果を検討した研究の結果を述べる。これらの量的研究に加えて，第9章ではWeb調査の自由記述に基づいて政治広告評価の構造を質的に検討した。さらに有権者を対象としたインタビュー調査により，男女別，世代別に政治広告に対する評価の類型と特徴を詳細に検討した。

第Ⅰ部 政治広告の変遷

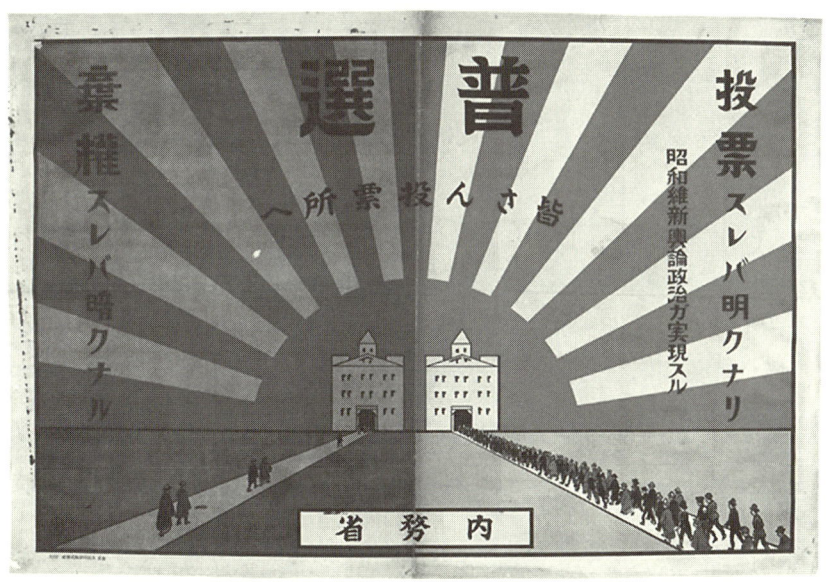

1928年に実施された第1回普通選挙では、政府による大々的な啓蒙活動が行われた。
（法政大学大原社会問題研究所所蔵）

第1章　政治広告の成立と展開

　第1章では日本の政治広告史の時期区分を行い，各時期の政治広告の特徴について概観する。

1．政治広告史の時期区分

　まず，近現代日本政治史の時期区分がどのように行われてきたかをたどる。戦前の日本は，一般に明治時代，大正時代，戦前昭和時代に区分される。明治時代に政党政治が成立し，大正時代には普通選挙運動が活発化した。そして戦前昭和時代に政党政治が崩壊し，軍部が勢力を持ち，やがて第2次世界大戦に突入した。戦後の日本政治について片桐（2000）は，経済復興期の第1期（1945年の終戦後～1960年），高度成長期の第2期（1960年～1972年前後），第3期（1972年～1985年前後），バブル経済期で55年体制[1]が流動化した第4期（1985年～1993年），第5期（1993年連立政権の誕生～）の5つの時期に区分している。一方，戦後の衆議院議員選挙について検討を行った田中（2005）は，保守と新政治勢力との交代の激しかった1946年の衆院選から1955年の衆院選までの第1期，自民党一党支配が続いた1958年の衆院選から1990年衆院選までの第2期，自民党が衆議院で過半数を割った1993年衆院選以降の第3期に分けている。

　次に，政治広告史の時期区分についてみていこう。戦前の新聞政治広告について山本（1972）は，1880年代の本格的政党成立以降から戦前までの時期を，

- ・自由民権運動と政治広告の出現（政党が成立した1881年以降）
- ・帝国議会開設と選挙広告の出現（帝国議会が開設された1889年以降）
- ・日清戦争～第1次大戦と選挙広告の停滞，公共広告の台頭
　（日清戦争のあった1894年以降）
- ・大正デモクラシーと意見広告の多様化

（選挙法が改正された1919年以降）
・第1次普通選挙と政治広告の大型化
（普通選挙法が制定された1925年以降）
・第2～第3次普通選挙と攻撃的な政治広告の活発化
（第2次普通選挙が実施された1930年以降）
・選挙粛正運動・翼賛選挙と政治広告の統制化
（当時の犬養毅首相が暗殺された五・一五事件により政党政治が崩壊した1932年以降）

に区分し，検討している。

東アジアにおける政治広告について概観したタック（Tak, 2006）は，第1回普通選挙実施以降の政治広告の歴史的展開を，
・政治広告誕生期（1928年～1951年）
・政治広告再生期（1952年～1968年）
・政治広告発展期（1969年～1995年）
・政治広告の成熟期へ（1996年以降）

の4つの時期に区分している。そして，シャフェレとカワカミ（Schafferer with Kawakami, 2006）は，日本政治と選挙キャンペーンの歴史的展開を，
・戦前：政治広告と包括政党の台頭
・1950年代：社会主義者の登場と後援会の出現
・1960年代：有名人政治とテレビ政治広告の登場
・1970年代と1980年代：汚職の20年
・1990年代：改革とその影響

に区分し，検討している。

本書では上記の政治史および政治広告史の時期区分を踏まえ，政治的，社会的状況，主要選挙，公職選挙法の改正に伴う選挙運動と政治活動の変化などに基づき，近代的政治広告の成立から現在に至るまでの日本の政治広告史を次の5つの時期に区分することにした（表1-1）。

第1期は政党成立とともに，政治広告の原型が出現した「政治広告生成期」（1881年～1924年）である。そして1925年衆議院議員選挙法改正により普通選挙が導入された後初めて実施された1928年第1回普通選挙で有権者が拡大され，各種選挙ポスターや新聞広告による激しい選挙戦が繰り広げられた

表1-1　日本における政治広告史の時期区分

時期区分[*1]	政治広告と関連する主な出来事[*2]	政治状況[*3]
第1期「政治広告生成期」（1881年～1924年）	・政党成立とともに，政治広告が出現する	・政党政治初期
第2期「政治広告稼働期」（1925年～終戦）	・1925年衆議院議員選挙法改正で普通選挙制度となり，1928年第1回普通選挙で各種ポスター，大型新聞広告による選挙戦が繰り広げられる	・所得制限撤廃で有権者が25歳以上の男性に拡大される
第3期「政治広告復興期」（1945年～1968年）	・戦後実施された各選挙で，政治広告においても復興期を迎える ・1950年公職選挙法が制定される ・1968年参議院議員選挙で多くの有名人が当選を果たす	・戦後の政治的混乱を経て，60年代の高度経済成長を背景に自民党優位期続く
第4期「政治広告発展期」（1969年～1993年）	・1969年衆議院議員選挙でアメリカの政治広告スタイルが本格的に導入される ・1969年より政見放送始まる	・自民党一党支配続く ・その後，55年体制が流動化する
第5期「政治広告変革期」（1994年～）	・1994年公職選挙法改正で政党本位の選挙となる ・政党政見放送におけるビデオの自主制作が認められる ・政党CMの出稿が増える ・小泉内閣のメールマガジンなど政治におけるインターネットの利用が注目される ・2003年衆議院議員選挙でマニフェストが正式に導入される	・連立政権
（2007年参院選）		・年金問題と民主党の躍進
（2009年衆院選）		・民主党による政権交代
（2010年参院選）		・消費税問題と民主党の後退

注）　*1　時期区分は，山本（1972），タック（Tak, 2006），シャフェレとカワカミ（Schafferer with Kawakami, 2006）による時期区分，政治的，社会的状況，主要選挙，選挙制度の改正などの検討に基づく。
　　　*2　政治広告と関連する主な出来事は，山本（1972），河村（2001），川上（2002），選挙制度研究会（2007）を参照した。
　　　*3　政治状況は，山本（1972），片桐（2000），田中（2005）を参照した。

時期から終戦までの時期を第2期「政治広告稼働期」(1925年～終戦)とする。第3期は戦後の復興とともに実施された各選挙で政治広告も復興期を迎え，さらに1960年代の高度経済成長を背景にした自民党の長期執権と政治的安定期が続き，有名人政治，テレビ政治の幕開けとなった1968年の参議院議員選挙までの時期で，「政治広告復興期」(1945年～1968年)である。次にアメリカの政治広告スタイルが導入され，政見放送が始まるなど，広告的政治情報が本格化し，55年体制が流動化した時期を第4期「政治広告発展期」(1969年～1993年)とする。第5期は1994年の公職選挙法改正で政党本位の選挙となり，政党政見放送実施における変化，政党CM出稿の増加，選挙情報源としてのインターネットの重要性の増加，マニフェストの導入など，無党派層の増加，政治的地殻変動とともに，広告的政治情報においても様々な変化が見られている「政治広告変革期」(1994年～)である。

次に，各時期の政治広告の特徴について検討する。

2．戦前の政治広告[2]

第1期　政治広告生成期 (1881年～1924年)

山本(1972)によれば，近代的政治広告は1880年代の政党の誕生とともに政党機関紙を中心に掲載された「演説会の告知広告」から始まった。明治政府に対抗する勢力として登場してきた各政党は，機関紙に掲載した広告で政府の政策を批判し，政治集会への参加を呼び掛けた(Schafferer with Kawakami, 2006)。

山本・津金澤(1992)によれば，1881年に結党された自由党が翌年創刊した「自由新聞」を皮切りに自由民権派新聞が次々と創刊され，それまで政府による積極的な育成策にもかかわらず成長しなかった新聞が，政府に対抗する活動で支持を受け，成長することになる。また，山本・津金澤(1992)によれば，当時の紙面には，各分野の最新情報を伝えるニュースより，論説やコラムなどの主張や意見が多く，民権運動家たちが各紙に政治的主張を盛り込んだ演説会広告を掲載し，記事と広告両方でプロパガンダ活動を行った。こうした自由民権家たちの動きに危機感を募らせた政府は，育成策から一変して言論弾圧に乗り出し，自由民権運動は短命に終わる(山本・津金澤,

1992)。山本・津金澤(1992)は,この時期の自由民権家たちの活動が,日本における新聞と新聞広告の発展に大きく貢献したと評価する。

　山本(1972)によれば,初の選挙広告は1890年第1回衆議院議員選挙以降の有権者有志による候補者「推薦広告」で,当時のネガティブキャンペーンともいえる各種デマに対抗した「デマ打消し広告」,政党による「結党広告」や「集会告知広告」,党首や政党支部などによる「推薦広告」,立候補者自身による「自薦広告」などとともに,党首や大臣などの演説内容を収録したレコードの広告も登場した。そして政治広告は,1917年第13回衆議院議員選挙から,政党による推薦広告や候補者による政見広告,他政党を批判する広告などと多様化していく(山本,1972)。

第2期　政治広告稼働期(1925年〜終戦)

　その後,普通選挙制導入による有権者の拡大で政治広告は転換期を迎える。山本(1972)によれば,普通選挙前は,政党機関紙の記事や社説が実質的な広告の機能を果たしていたが,普通選挙の導入で拡大した有権者を読者とする新聞を利用することが選挙戦略に不可欠となり,「不偏不党」新聞への政党広告出稿が本格化する。

　普通選挙法は1925年衆議院議員選挙法改正で制定され,1928年に実施された第1回普通選挙(第16回衆議院議員選挙)から選挙権の所得制限がなくなり,25歳以上の成人男性なら誰でも投票できるようになった。15円以上の直接国税を納める25歳以上の成人男性に選挙権が与えられていた1889年の有権者数は人口比1.1%にすぎない45万人で,10円に引き下げられた1900年に98万人,3円に引き下げられた1919年に300万人ほどに増え(梅田,2001),所得制限が撤廃された1928年の普通選挙では900万人が新たに選挙権を獲得,有権者は1200万人ほどに増加した(玉井,2006)。

　それに加え,戸別訪問などによる選挙運動が禁止されたことで(山本,1972),当時の立憲政友会と立憲民政党を中心に,各政党の選挙ポスター(図1-1,第Ⅱ・Ⅲ部扉参照)や文書などによる激しい選挙戦が繰り広げられた(山本,1972;梅田,2001)[3]。梅田(2001)によれば,選挙ポスターのカラーと大きさが制限されただけで,枚数と掲示場所が事実上自由であったことも影響し,町中に選挙ポスターがあふれた。山本(1972)は,党首を前面に打

ち出した新聞全面広告や，対立政党に対する攻撃的広告など，この選挙で選挙広告は量・質ともに大きく変化したとする。

この選挙では，政党などによる選挙広告だけでなく，政府による大々的な「選挙啓蒙活動」が行われた（第Ⅰ部扉参照）のも特徴的である。玉井（2006）によれば，「清潔公正な選挙」を呼びかけていた政府が，選挙期間後半からは投票率向上のための選挙啓蒙活動を行うほど，第1回普通選挙で新たに選挙権を獲得した有権者層の関心は高くなかったのである。

その後，選挙粛正運動，政党政治および政治広告の統制が強まる。山本（1972）によれば，1934年に選挙費用の節減などを理由に「選挙公報」が創刊され，選挙公報の発行区域における候補者挨拶や推薦広告などの新聞掲載は禁止されたが，本当の目的は政党政治統制にあったとされる。さらに，選挙粛正委員会令が公布され，1936年第4回普通選挙（第19回衆議院議員選挙），1937年第5回普通選挙（第20回衆議院議員選挙），太平洋戦争下で行われた1942年第21回衆議院議員選挙では政治的統制がさらに強化され，大々的な政党広告はほとんどなくなる（山本，1972）。

3．戦後の政治広告

第3期　政治広告復興期（1945年〜1968年）

1945年から1968年までの時期は，「政治広告復興期」と位置づけることができる。第2期では普通選挙による有権者の拡大に伴い，選挙キャンペーンも本格化したが，政治的混乱と戦争で中断され，やがて終戦とともに復活することになる（図1-2）。新聞とポスターなどの媒体による政策論争やプロパガンダ的な広告，攻撃的広告などが展開されていた戦前の政治広告に対し，経済成長と放送メディアの発達により，この時期には有権者のイメージに訴える選挙戦が中心となっていく。

戦後初めて実施された1946年第22回衆議院議員選挙で20歳以上の成人男女なら誰でも投票できるようになり（図1-3），初めて39名の女性議員が誕生した（児玉，1981）。

その後1950年には公職選挙法が制定された。また，選挙や社会環境の変化で「後援会」が重要なキャンペーン手段となると同時に（Schafferer with

図1−1
1928年,第1回普通選挙のポスター
上2点は政党の選挙ポスター。
下左は候補者個人のポスター。
(法政大学大原社会問題研究所所蔵)

第1章 政治広告の成立と展開

Kawakami, 2006），一連の選挙法改正により，各候補者の選挙広告も拡大される（内川，1980）。内川（1980）によれば，終戦後再開された政党の宣伝活動は，1960年11月の池田勇人内閣下の初の総選挙（第29回衆議院議員選挙）以来，さらに活発化する。

　国内経済が重要な争点として台頭した1960年代は，自民党が当時の池田総理のもと，日本の経済成長をやり遂げることができる唯一の政党とアピールする選挙キャンペーンを展開する（Alexey, 2007）。この選挙で自民党は，新聞と雑誌広告，ポスターに加え，テレビCMによる大々的なキャンペーンを展開し，衆議院議員選挙向けに全国40の民放テレビ局から1日平均3回，投票日前9日間合計1,100本のCMを放送した（内川，1980。電通報1960年11月26日付の記事による）。

　高瀬（2005）によれば，当時の池田総理は1960年10月に放送された同年の衆議院議員選挙向けの日本初のテレビ政党CMで「私はウソを申しません」，「経済のことは池田にお任せください」とアピールした。「私はウソを申しません」というキャッチフレーズは全国的な話題となり，自民党内でも成功した宣伝として評価された（内川，1980）。

　池田元首相は，演説でも「所得倍増計画」というスローガンで自民党の経済成長政策をアピールした（Feldman, 2005）。フェルドマン（Feldman, 2005）が指摘しているように，日本の政治場面でもこのような端的な「サウンドバイト」が，内閣を象徴するスローガンとなり，政権に対する支持を呼びかけるため利用されてきたが，フェルドマンは，その始まりは池田元首相であったとする。政治ニュースにおける「サウンドバイト」とは，ニュース番組の放送用に，政治家の演説やインタビューなどの長い発言内容から取り出して使われる短い言葉である。政治家自身が，放送用のサウンドバイトを意識し，自分の主張を印象づけるために，演説やインタビューの中に端的な言葉を巧みに取り入れる場合も多い。他にも，田中角栄内閣の「決断と実行」，中曽根康弘内閣の「戦後政治の総決算」，「国際国家日本」，宇野宗佑内閣の「改革前進内閣」，細川護熙内閣の「政治改革政権」など，スローガンが多用されてきた（Feldman, 2005）。後述するように，小泉純一郎元総理の発言とスローガンは特に注目された。橋本龍太郎元総理の「改革と創造」，小泉元総理の「聖域なき構造改革」，安倍晋三元総理の「美しい国　日本」などのス

図1-2 1947年, 第1回参議院議員選挙候補者ポスター
政治的混乱と戦争で中断されていた選挙キャンペーンが, 終戦とともに復活した。
(国立国会図書館所蔵)

図1-3 1946年, 第22回衆議院議員選挙ポスター
戦後初めて実施されたこの選挙から, 20歳以上の成人男女に選挙権が与えられた。
(国立国会図書館所蔵)

ローガンは，政党CMのスローガンとしても登場している。

一方，日本共産党が，1960年の第29回衆議院議員選挙と1962年の第6回参議院議員選挙，1963年の第30回衆議院議員選挙の際，党首会談などの番組に同党を除外し，日本共産党の政党CMの放送を拒否した主要放送局を公職選挙法および放送法違反で告訴する事態が発生したが，すべて不起訴処分となった（内川，1980）。

シャフェレとカワカミ（Schafferer with Kawakami, 2006）が1960年代を「有名人政治とテレビ政治広告の登場」と位置づけているように，1960年代は，知名度の高い各界の有名人が多く立候補し，華やかな選挙キャンペーンが話題を呼んだ。大前（1977）によれば，1960年代は，印刷技術の発達，テレビの普及，広告・PR技法の発達などの技術革新と，都市部の人口と無党派層の拡大という社会的変化とともに，テレビ討論でニクソン（Nixon）を破ったジョン・F・ケネディ（John F. Kennedy）をはじめとするアメリカ大統領候補のイメージ戦略が大きく影響した時期であった。1962年の参議院議員選挙では，NHKテレビに出演していた藤原あき氏がトップで当選した。大前（1977）は，彼女の当選は，選挙でのテレビの威力を実感させた初めてのケースだったとする。

この時期に特記すべき選挙は1967年東京都知事選挙，1968年参議院議員選挙である（河村，2001；Alexey, 2007）。1967年の東京都知事選挙では候補者イメージが選挙結果を大きく左右し，選挙前からテレビに出演し，知名度を上げていた美濃部亮吉氏が，有名人の動員，シンボルマークの駆使など，華やかな選挙キャンペーンを展開し，当選した（河村，2001）。大前（1977）は，この選挙から地方選挙におけるイメージ選挙が始まったとする。美濃部氏は，テレビに映った「ミノベ・スマイル」で女性有権者の人気を得ていただけでなく，公害問題や福祉政策などを打ち出し，アピールすることに成功した（大前，1977）。シンボル・マークを駆使した選挙戦略はかなり新鮮で，支持層の多くが佐藤栄作政権に反対していたことで考案された「ストップ・ザ・サトウ」という異色のスローガンで，自民政権に挑戦する革新陣営としてのイメージを有権者に印象づけた（大前，1977）。

1968年の参議院議員選挙は初の本格的イメージ選挙とも言われ，石原慎太郎氏，大松博文氏，今東光氏，青島幸男氏など，すでにテレビなどで知られ

ていた人たちが多く当選を果たし，全国的な話題となる（朝日新聞，1968年7月8日，7月9日）。選挙戦での選挙コンサルタントの存在も注目され，301万もの得票でトップ当選を果たした石原慎太郎氏の選挙陣営は，藤原あき氏の選挙戦の時と同じで，政治とは特に関係のないブレーンだった（大前，1977）。また，各界の有名人の立候補と華やかな選挙戦で選挙はより身近なものになっていく（毎日映画社ほか，2001）[4]。

第4期　政治広告発展期（1969年～1993年）

第4期は初の政見放送が始まった1969年から，1994年選挙制度改正前までの時期で，「政治広告発展期」と位置づけることができる。

1968年参議院議員選挙に続き，1969年衆議院議員選挙では，自民党が広告会社や選挙コンサルタントのアドバイスを受けながら，前年度に行われたアメリカ大統領選挙のキャンペーン手法を積極的に取り入れ，政党の新聞全面広告や，全面カラー化されたポスター，政党CMなど，政党イメージを有権者にアピールする広告を出稿し，他の政党もこぞってイメージ・キャンペーンを展開した（河村，2001；Tak，2006）。

アメリカでは，1952年の大統領選挙で第2次大戦の英雄として出馬したアイゼンハワー（Eisenhower）が，軍人としてのイメージを払拭するため，初めて大々的なテレビCMキャンペーンを行った（渋谷，1977）。信頼できる政治家のイメージを作るため，CMでは彼の「人柄」が強調され（渋谷，1977），「アイク」という愛称でディズニーによるアニメCMも制作された（The Livingroom Candidate）。

1960年には，有名なニクソンとケネディの「テレビ大討論」（great debate）でケネディが勝利を果たし，テレビの影響力を見せつけた。ケネディに敗れたニクソンは，1968年大統領選に再び出馬したとき，前回の惨敗を教訓にイメージ・キャンペーンを展開し，すべてのメディア露出は選挙コンサルタントによって徹底的に管理された（The Livingroom Candidate）。

1968年のアメリカ大統領選の影響を受け，1969年衆議院議員選挙で政治情報の持つ広告性は一層強まり，イメージ選挙が本格化する（朝日新聞，1969年10月29日；内川，1980）。ジェンダー的に大いに問題となる部分であるが，アメリカの選挙キャンペーンでの「ニクソン・ガールズ」を真似て街頭演説

では華やかなユニフォームを身にまとった女性運動員まで登場した（毎日新聞，1969年12月10日）。

内川（1980）によれば，1969年の衆議院議員選挙では，関東地区のみで933本のCMが放送され，自民党と公明党が最も多くのCMを放送し，とりわけ自民党のCMは他の政党に比べ，視聴率の高い時間帯に集中していた。メディア・ミックス，すなわち各媒体の効果的な組み合わせや，キャンペーン・イメージ統一のためスローガンやデザインが採用され，1971年東京都知事選挙では，現職の美濃部亮吉氏の選挙キャンペーンを電通が担当するなど，政党や公職候補者の選挙キャンペーンの広告性，イメージ性はさらに強まっていく（内川，1980）。

衆参院議員選挙と都道府県知事選挙の候補者の政見放送は，1969年公職選挙法の改正で実現し（朝日新聞，1969年6月24日，8月22日），1969年9月に実施された徳島県知事選挙で初めて導入され（朝日新聞，1969年9月18日），同年の衆議院議員選挙からは全国的に放送されるようになった（朝日新聞，1969年12月24日）。初の政見放送は，1969年9月17日の夜放送され，同知事選挙期間中の政見放送は多くの有権者の関心を呼んだ（朝日新聞，1969年9月28日，9月30日）。各候補者は政見放送に出演する際，選挙コンサルタントや放送関係者に指導を受けるなど，新しい選挙戦の対応に追われた（大前，1977）。しかし，1969年衆議院議員選挙の政見放送の視聴率は予想外に低く，有権者の関心を集めることはできなかった（朝日新聞，1969年12月24日）[5]。

また，候補者の公費による政見放送以外に，自治体首長選挙でのテレビCMが，長崎県知事選挙から始まり，1970年から1971年の時期に愛媛県知事選挙，静岡県知事選挙，京都市長選挙などの選挙キャンペーンで使用された（天野，1971）。

1970年の京都府知事選では，革新派のオレンジ，保守派のブルーのマークが町中にあふれ（大前，1977），特にこの選挙で共産党による政党機関紙号外ビラのスピーディな作成と配布はその後の国政選挙にも大きく影響したと大前（1977）は評価する。

長期執権した佐藤政権の後を引き継いだ田中角栄政権では，日中国交正常化後の1972年12月に実施された衆議院議員選挙でパンダや各種動物をマークとして使う政党や候補者が続出し，「動物選挙」とも称された（大前，1977）。

1970年の京都府知事選で注目されたビラも，オイルショック後に実施された1974年の参議院議員選挙では，大量のビラ配布がかえってひんしゅくを買い，1976年の衆議院議員選挙は不況の影響でさらに地味なものになっていった（大前，1977）。

　この時期には，日本共産党を攻撃した自民党の新聞政治広告とそれに反発した日本共産党の対立が裁判にまで発展した。自民党は，1973年12月2日サンケイ新聞に掲載した「前略　日本共産党殿　はっきりさせてください。」と始まる政治的意見広告で，「日本共産党綱領」と参議院議員選挙向けに発表した「民主連合政府綱領」を国会，自衛隊，安保，国有化，天皇という側面で比較し，「民主連合政府綱領」が「日本共産党綱領」と矛盾している点を批判した。この広告に対し，日本共産党はサンケイ新聞に反論権を求め，長期に渡る裁判闘争が繰り広げられたが，1987年4月に共産党の主張を退ける最高裁の判決で幕を閉じた（植条，2005；山本，1972）。

　1970年代以降の国政選挙では，自民党が度重なる政治スキャンダルが原因で大きく議席を失う。とりわけ，リクルート事件の1年後に行われた1989年の選挙は自民党の惨敗で終わった。この選挙結果を受け，自民党は，経済的専門性と優位性をアピールする大々的なイメージ・キャンペーンを行った（Schafferer with Kawakami, 2006）ものの，1993年衆議院議員選挙での惨敗で55年体制に終わりを告げることとなる。

　1989年参議院議員選挙では，日本社会党の土井たか子党首と女性候補者によるいわゆる「マドンナブーム」が巻き起こり，政治的争点となった消費税導入と政治腐敗などをクローズアップさせた広告「劇サイティング社会党」が注目を集めた。大山・国広（2010）によれば，この選挙では消費税導入が争点となり，リクルート疑惑などの政治問題で，清潔さや生活感覚をアピールした女性議員が多数誕生した。

　1992年参議院議員選挙，1993年衆議院議員選挙の際には，いわゆる「新党ブーム」が巻き起こる。川上（1998）は，日本新党が新聞で協力金を呼びかける広告を展開し，既存政党に不満を募らせていた有権者層に「新党イメージ」でアピールすることに成功したと分析している。1993年衆議院議員選挙で自民党と日本社会党が惨敗，細川護熙連立政権が誕生し，いわゆる55年体制が終わる（田中，2005；Schafferer with Kawakami, 2006）。

第5期　政治広告変革期（1994年～）

　第5期は1994年に政治改革の一環として行われた公職選挙法改正で政党本位の選挙制度となった時期から現在に至るまでで、「政治広告変革期」と位置づけることができる。

　この時期の政治広告の変容に影響した要因として、選挙制度の改革、政治的、社会的変化、メディア環境の変化などが挙げられる。川上（2002）によれば、中選挙区制度下で自民党は選挙地盤や後援会などの組織によりその勢力を維持してきたが、1993年衆議院議員選挙の結果誕生した細川連立内閣の政治改革関連法（1994年改正施行）により、衆議院に小選挙区比例代表並立制が導入され、選挙制度は政党・政策本位となった。公職選挙法の改正で選挙期間もさらに縮小された。マス・メディアの発達で、短い期間で十分周知できるというのがその理由の一つである（朝日新聞，1996年9月28日）。選挙期間が縮小されたことで、選挙におけるメディアの役割は益々大きくなった。

　また公職選挙法改正で、1996年衆議院議員選挙から小選挙区候補者届出政党が独自に制作した映像を持ち込むことが可能になった（朝日新聞，1996年10月11日；選挙制度研究会，2007）。その結果、政党CM映像そのものや各種映像技術を駆使したものなどが放送され、政見放送のイメージ性を強めることになる。これについては、選挙情報源として政見放送への有権者の関心を高める効果が期待される一方で、重要争点の議論より、中身の見えないイメージ合戦になってしまう可能性が指摘されている。

　新聞選挙広告も、公職選挙法の改正で、衆議院新聞選挙広告の場合、大きく分けて小選挙区新聞広告と比例代表区新聞広告の2種類となった。小選挙区新聞広告は、小選挙区候補者個人の広告と小選挙区候補者届出政党の広告に区別され、公費により決められた寸法と回数で新聞広告を実施することができる。比例代表区広告は、名簿届出政党が公費により各選挙区における名簿登載者数に応じた寸法と回数で実施できる。参議院議員選挙の選挙区選挙と比例代表選挙の場合も、同様に候補者と名簿届出政党が公費により実施できる（選挙制度研究会，2007）。

　日常の政治活動としての政党広告を政党の私費で出稿できる政党に対し、候補者個人は、法定選挙広告以外に「選挙区内にある者に対し、……あいさつを目的とする広告を有料で新聞、雑誌に掲載したり、テレビやラジオで放

送」することはできない（東京都選挙管理委員会b）。

　公職選挙法改正後行われた1996年衆議院議員選挙では様々な変化が見られた。この時期の新聞政党広告の特徴について稲葉（2001）は，政党広告の量的増加，明示的なネガティブキャンペーンの登場を指摘する。この選挙では，1996年衆議院議員選挙時の最大争点となった消費税について「7％増税を提案した細川さん，10％増税論の小沢さん，15％増税論の羽田さん。新進党は，本当は何％ですか。」と新進党批判に出た自民党と，それに続く形で新進党が広告で対抗し，政治広告を通じた攻防が繰り広げられ，新聞やテレビのニュースでも政治広告が本格的に取り上げられることとなった（読売新聞，1996年10月15日；稲葉，2001；Schafferer with Kawakami, 2006）。

　また，当時の自治省が「日常の政治活動としての政党広告は選挙運動期間に関係なく，政党の私費で自由に出稿できる」[6]という判断を示したことがきっかけとなり，政党CMの出稿が増加した。川上（2002）によれば，公職選挙法改正直後の1995年参議院議員選挙では，テレビCMの出稿は少なく，ラジオCMが中心だったが，1996年の衆議院議員選挙では政党をアピールするテレビCMの出稿が相次いだ（朝日新聞，1996年10月10日）。自民党の流動化，無党派層の増加などの政治的，社会的状況も政党CMの本格的利用に拍車をかけた。政治的にも1955年以来続いてきた自民党一党支配が終わり，無党派層の拡大などの社会的変化で従来のような政党支持や対人的選挙キャンペーンだけで有権者にアピールするのは難しくなってきたのである。

　そこで，アメリカの政治広告スタイルを積極的に取り入れた，党首を前面に出す広告を積極的に展開するようになる（Tak, 2006）。その結果，資金力のある大規模政党の広告費支出は増加の一途をたどるようになり，政治広告に関する様々な議論を呼ぶこととなる。政党の広告宣伝費に莫大な税金が使われていることに対する批判も強くなっている。

　たとえば，2001年参議院議員選挙の場合，各政党の広告費は，1998年の参院選の倍近くの80億円を超えた。また，テレビ広告費もこの選挙で大きく伸び，1998年参院選では新聞広告費が7割以上を占めていたのに対し，2001年参院選ではテレビ広告費が6割を超えた（朝日新聞，2001年11月3日）。政党別にみると，自民党19億円台，公明党19億円台，民主党約17億円，自由党10億〜12億円だったのに対し，共産党約3億5千万円，社民党約3億円，保守

党2億円余りであった（立候補者数などに応じた新聞広告の公費負担分を含む広告費。朝日新聞，2001年11月3日）。政党の資金力による「政治広告格差」が選挙結果をすべて左右するとは言い難いが，資金力のある政党が有利な選挙戦を行うことが可能になってきていることは大きな問題である。

　さらに，この時期には，「小泉劇場」や「政治のワイドショー化」，「ワンフレーズ・ポリティックス」[7]などと言われた小泉純一郎元首相の政治スタイルやメディア報道をきっかけに，有名政治家のメディア露出度とその影響も顕著になっていく。

　また，1995年ごろからの政党ホームページと個人政治家のホームページの開設，2001年小泉内閣発足以降の「小泉内閣メールマガジン」など政治におけるインターネットの利用が注目されたのもこの時期である（石橋，2005）。2008年アメリカ大統領選では，フェイスブック（Facebook）とツイッター（Twitter）などによる双方向的政治コミュニケーションが注目を集めた。

　インターネットのホームページを「選挙運動にわたらない純粋な政治活動」目的で利用することはできるが，選挙期間中に新たに開設したり，更新することは，「新たな文書図画の頒布」で選挙法違反となる（東京都選挙管理委員会b）。インターネット解禁が直前まで議論されていた2010年参議院議員選挙では，最終的にはインターネット選挙解禁が見送られたが，各候補者は公示日前日までホームページとブログを更新し，有権者へのアピールに奮闘した。

　2003年衆議院議員選挙で正式に導入された「マニフェスト」も，近年の政治情報における重要な変化の一つである。PHP総合研究所（2005）によれば，「抽象的な理念を示すスローガンにとどまる」[8]「選挙公約」に対し，「理念はもちろん，それを達成するための諸政策と具体的な数値目標や方法，実施期限などを示す」[9]マニフェストは，2003年統一地方選挙で初めて登場し，同年衆議院議員選挙で本格的に導入された。各選挙の際，候補者や政党によってビラと冊子の形で有権者に配布され，新聞やテレビ，専門家などによって各政党のマニフェストの検証，比較が行われている。

　マニフェストは，政治情報の具体化，選挙情報の拡大という点から評価されるが，実際のところ，選挙の際，各政党の膨大な量のマニフェストを入念に読み，判断の材料としている人は果たしてどれくらいいるだろうか。むし

ろ,PHP総合研究所(2005)で指摘されているように,「マニフェストにもとづいたビラや報道を通じて形成される政党の全般的な印象」[10]が有権者の判断に間接的な影響を与えている可能性が高いのが現状であろう。すなわち,マニフェストの具体的「情報」より表面的「イメージ」に影響されることも少なくないのである。

―― この章のまとめ ――

第1章では政治広告史の時期区分を行い,日本における政治広告の発達とその背景にある政治的,社会的状況について概観した。

まず第1期「政治広告生成期」は政党成立とともに政治広告が出現した1881年から1924年までである。第2期は「政治広告稼働期」で,普通選挙法が制定された1925年から終戦までの時期である。1928年第1回普通選挙では,所得制限の撤廃で有権者が急激に増加し,各界各層の人々を対象とした選挙キャンペーンが本格化した。第3期は1945年から1968年までの時期で,「政治広告復興期」と位置づけることができる。とりわけ1968年の参議院議員選挙では,知名度の高い人たちの華やかな選挙戦で選挙が身近になる。次に,第4期「政治広告発展期」は1969年から1993年までの時期で,1969年の衆議院議員選挙は,メディアの発達,都市化と人口構造の変化,アメリカの選挙キャンペーンの影響などにより,候補者や政党イメージのアピールが選挙の重要な戦略となり,政治の広告性を強めた。第5期は1994年の公職選挙法改正で,衆議院の選挙制度が政党本位となった時期から現在に至るまでの「政治広告変革期」で,1955年以来続いてきた自民党一党支配が終わり,社会変化と無党派の拡大などで従来のような対人的選挙キャンペーンに急激な変化が求められた時期である。党首たちが繰り広げる「広告戦」が注目され,小泉元首相をはじめとする有名政治家のメディア露出度の影響も顕著になった。また,ビデオの自主製作が認められ,政見放送にも変化が見られた。1994年の法改正や一連の政治改革で政党の選挙運動の範囲が拡大されたが,資金力のある政党の広告費支出は増加する一方で,候補者の少ない政党や無所属候補には不利な選挙戦となり,政党のイメージ選挙に拍車をかけた。また,マニフェストの導入や,政治情

報源としてのインターネットに多くの注目が集まったのもこの時期の大きな特徴である。

次章では，政治広告の内容的特徴と表現戦略について，新聞政治広告と政党CMを対象とした内容分析と事例分析を通して詳細に検討する。新聞の場合は，第4期「政治広告発展期」と第5期「政治広告変革期」，テレビの場合は，第5期「政治広告変革期」を中心とした政党広告が主な分析対象となった。

第Ⅱ部　政治広告の内容

1928年，第1回普通選挙のポスター
（法政大学大原社会問題研究所所蔵）

第Ⅱ部では，政治広告に関する内容分析と事例分析の結果を検討する。

　第2章の政党広告の分析では，1）戦後の衆議院議員選挙と参議院議員選挙の新聞政党広告における言語情報とビジュアル分析，2）1989年以降の政党CMの言語情報，音声と映像の特徴に関する分析を行った。

　第3章では，2007年参議院議員選挙と2009年衆議院議員選挙および2010年参議院議員選挙における政党広告戦略について検討を行った。

　そして，第4章では男女候補者の選挙キャンペーンにおけるジェンダー・フレームに注目し，2005年衆議院議員選挙と2007年参議院議員選挙における新聞候補者広告の分析を行った。

第2章　政党広告の内容的特徴

　第2章では，政治広告の内容的特徴と各国の現状に関する先行研究，日本の新聞とテレビの政党広告を対象に行った内容分析の結果を論じる。本章では，日本と各国の政治広告の比較のため，各国の政治広告について検討を行っているカイドとホルツ-バッハ（Kaid & Holtz-Bacha, 2006）の分析枠組に基づき，検討を行うことにした。具体的には，政治広告における争点とイメージ，アピール技法，ネガティブ広告の問題を中心に，アメリカ，イギリス，韓国を中心とした各国の研究を検討し，日本の政党広告を対象に内容分析を行った。

1．政治広告における争点とイメージ

　選挙キャンペーン情報として「政治報道」と「政治広告」は，政治家と政党の情報に対する統制度において大きな違いがある（Kaid & Holtz-Bacha, 2006）。新聞記事，ニュースや報道番組などの選挙報道は，メディアによって「媒介」され，政治家と政党側がその内容を直接統制することができない情報である。それに対し，広告的政治情報の場合は，政治家と政党が，有権者により直接かつ自由に働きかけることができるという特徴を持つ。そのため，政治広告には政治家や政党が有権者にどのようなメッセージを伝えようとしているのかがより顕著に現れる。

　政治広告の特徴は，フレーミング（framing）研究の観点から考察することができる。フレーミングとは，メッセージにおいて，争点や出来事に関する特定の情報を選択し強調することである（Shen, 2004; Reese, 2003）。政治広告メッセージにおいては，社会的争点や懸案における政治的立場，政党もしくは候補者，対立政党もしくは対立候補者の特定側面の選択，強調などのフレーミングが行われている。

政治広告メッセージの主なフレームとしては「争点関連フレーム」と「イメージ関連フレーム」が指摘されている（Garramone, 1983; Shen, 2004）。候補者または政党が，改革，福祉，税金など，どのような争点を打ち出すか，候補者または政党のどのようなイメージをアピールするかは，選挙キャンペーンの重要な戦略であり，このような特定争点とイメージの選択と強調が政治広告メッセージにおけるフレーミングである。こうした政治広告メッセージのフレームが重要な意味を持つ理由は，フレームによる違いが有権者の認知に影響し（Shen, 2004），政治意識や投票行動に影響する可能性があるためである。

政治広告の機能として，ハリス（Harris, 2004）は，候補者の認知，議題設定，イメージ形成，争点提示などを挙げている。また，ジョンストンとカイド（Johnston & Kaid, 2002）はテレビ政治広告の機能として，とりわけ「争点の議論」と「イメージ構築」[1]を指摘する。

投票行動の古典的民主主義モデルで強調されているように，有権者が，国の重要な問題を充分な情報に基づいて検討し，理性的に判断できるよう，政治広告はイメージより争点に焦点を当てた情報である必要があるという考えから，政治広告の内容評価と分析に多くの研究関心が寄せられてきた（Kaid, 2006）。カイド（Kaid, 2006）は，「争点広告」を「経済，税金，外交問題，福祉などの争点や政策的立場に焦点を当てた」[2]広告，「イメージ広告」を「候補者のパーソナリティや資質，経歴と活動と関連する」[3]広告と定義する。

1952年から1996年までのアメリカ大統領選のテレビCMを分析した研究（Kaid & Johnston, 2001），1952年から2002年までのアメリカ大統領選のテレビCMを分析した研究（Johnston & Kaid, 2002）などから，アメリカの大統領選CMにおいては争点広告がイメージ広告より多かったことが明らかになっている。また2004年アメリカ大統領選のテレビCMを分析した研究（Kaid & Dimitrova, 2005）からも，両候補がイメージより争点中心の広告を展開したことが示されている。

候補者や支持団体が政治CMの放送時間を購入できるアメリカに対し，イギリスの場合は，政党に無料の放送時間が割り当てられており，1997年から2001年までの主要政党による選挙放送の分析で，イメージより争点が強調されていたことが明らかになっている（Scammell & Langer, 2006）。

1952年から2002年までの韓国大統領選の新聞広告を分析したキム（Kim, 2006）は，韓国大統領選の新聞広告において争点広告がイメージ広告より多く，野党候補が争点広告を多用していたことを明らかにしている。またこれら候補者広告においては政治改革に関する争点が強調されていた。
　12カ国の政治広告研究に基づき，各国の政治CMの特徴を比較，検討したカイドとホルツーバッハ（Kaid & Holtz-Bacha, 2006）も，アメリカ，ドイツ，イギリス，フランス，イタリア，スペインなど，対象となったほとんどの国の政治広告において争点広告がイメージ広告より多かったことを示している。
　これに対し，韓国の大統領選で，候補者CMが初めて放送された1992年と，1997年，2002年の大統領選のテレビCMを分析したカンとタック（Khang & Tak, 2006）は，争点よりイメージが強調される広告が多かったことを明らかにしており，興味深い。
　以上検討してきたように，全体的には，多くの国の政治広告においてイメージより争点が強調されていることが確認されている。しかし，問題は，カイド（Kaid, 2006）も指摘しているように，争点広告の場合も，単なる争点の言及，抽象的なスローガンにとどまることが多く，政策案を評価できる充分な情報が提示されない場合が多いという点である。争点をめぐる具体的政策案や政見より，単なる印象やイメージだけに終わっている場合が多いのである。

2．政治広告のアピール技法

　政治広告で強調される内容やフレームとともに，どのような技法で有権者に訴えているかという点も研究されている。政治広告のアピール技法としてカイドとホルツーバッハ（Kaid & Holtz-Bacha, 2006）は，「論理的アピール」，「感情的アピール」，「信頼性アピール」を指摘している。論理的アピールは「論理的証拠，事実情報と例，統計的データによってアピールするもの」，感情的アピールは「愛国心，怒り，自負心のような感情を喚起する言語とイメージによってアピールするもの」，信頼性アピールは「資質，誠実さ，信頼性のような情報で人柄や人物をアピールするもの」[4]である。
　1952年から1996年までのアメリカ大統領選のテレビCMを分析したカイ

ドとジョンストン（Kaid & Johnston, 2001）は，感情的アピールが多用されていることを明らかにしている。また，1952年から2002年までのアメリカ大統領選のテレビCMのビデオスタイルを分析したジョンストンとカイド（Johnston & Kaid, 2002）は，次のような争点広告とイメージ広告のアピール技法の違いを明らかにしている。

まず大統領選候補者は，争点広告において直接CMに出演しカメラに向かって有権者に語りかけ，有権者の感情にアピールしようとする傾向があった。それに対し，イメージ広告においては，匿名のナレーターが主な話し手であり，候補者の信頼性を強調しアピールしようとする傾向があった。すなわち，争点広告では候補者自身が有権者の感情に訴え，イメージ広告では第三者によって候補者の信頼性を印象づける手法が用いられているのである。

そして各国の政治広告におけるアピール技法に関して興味深い違いが見出されている。カイドとホルツーバッハ（Kaid & Holtz-Bacha, 2006）は12カ国の政治広告研究のレビューから，各国の政治CMに見られるアピール技法の特徴について次のようなことを示している。

まず論理的アピールは，アメリカ，フランスおよびイギリスが多く，イタリアが最も少なかった。感情的アピールは，ポーランド，ギリシャ，アメリカ，イタリアなどで多く用いられていた。信頼性アピールは，12カ国のうち唯一アジアの国であった韓国で多く見られていた。カイドらはその理由として，人柄や人物を重視するアジア的伝統や文化が韓国の政治広告戦略に影響している可能性を指摘する。

具体的に1992年，1997年，2002年の韓国大統領選のテレビCMを分析したカンとタック（Khang & Tak, 2006）は，信頼性アピールが含まれているCMが最も多く，次いで感情的アピール，論理的アピールが多かったことを明らかにしている。1952年から2002年までの韓国大統領選の新聞広告を分析したキム（Kim, 2006）においても，信頼性アピールが最も多用され，次いで論理的アピール，感情的アピールが用いられていることが明らかにされている。

韓国において新聞とテレビの政治広告ともに信頼性アピールが強調されていたという点は興味深い。これは，カイドとホルツーバッハ（Kaid & Holtz-Bacha, 2006）も指摘しているように，人柄を重視する文化と伝統が反映された結果であると考えられる。また，新聞政治広告においては論理的アピール，

テレビ政治広告においては感情的アピールが多く見られたのは，新聞とテレビの媒体的特徴が影響しているためであろう．

3．政治広告における攻撃性

アメリカ大統領選におけるネガティブ広告事例

アメリカの選挙キャンペーンにおいて最も注目されてきた問題の一つに，選挙戦におけるネガティブキャンペーンがある（Kaid & Johnston, 1991）．カイドとジョンストン（Kaid & Johnston, 1991）によれば，ネガティブ広告とは「対立候補に対する批判や攻撃が中心となる広告」5) で，それに対し，ポジティブ広告とは「候補者の肯定的側面や業績，政策的立場を打ち出す広告」6) である．

アメリカ大統領選でのネガティブ CM は，テレビを利用した選挙キャンペーンが初めて実施された1952年の大統領選の時から放送されていた（Kaid & Johnston, 1991; Johnson-Cartee & Copeland, 1991. 以下各陣営の CM は各候補者側と支持団体の CM 両方を含む）．アイゼンハワー陣営の「アイゼンハワーがアメリカに答えを出す」（Eisenhower Answers America）シリーズの一部 CM も，ネガティブ広告であった．アイゼンハワー陣営は，物価高や安全保障問題などをクローズアップさせ，民主党のスティブンソン（Stevenson）候補を攻撃した（Diamond & Bates, 1992）．

1964年の大統領選で放送されたジョンソン（Jonhson）陣営の「デイジー少女」（Daisy Girls），1988年の大統領選で放送されたジョージ・ブッシュ（George H. W. Bush）陣営の「回転ドア」（Revolving Door）は，アメリカ政治広告史上，最も有名なネガティブ広告の例である（Kaid & Johnston, 1991; Boiney & Paletz, 1991）7)．

1964年大統領選で放送されたジョンソン陣営の「デイジー少女」では，少女が花びらを摘む場面と核爆発までのカウントダウンがオーバーラップされた強烈な映像で核武器の脅威を訴えている．この CM は，対立候補だったゴールドワター（Goldwater）を過激論者として描写し，攻撃する意図で制作された（The Livingroom Candidate）．広告としては1964年9月7日に CBS の「Monday Night at the Movies」の放映時に，1回放送されただけだったが，

各社の報道番組で取り上げられ，多くの視聴者に恐怖感を与える結果となった（Diamond & Bates, 1992）。

1988年の大統領選で放送されたブッシュ陣営の「回転ドア」は，囚人たちが刑務所に入った瞬間，回転ドアですぐ刑務所から出てくる様子を描き，対立候補のデュカキス（Ducakis）の犯罪政策を痛烈に批判したCMである（The Livingroom Candidate）。

このCMは，デュカキスがマサチューセッツ州の知事を務めていた当時，第1級殺人罪で終身刑を受けていたホートン（Horton）が10回も一時帰休を認められ，帰休の最中に逃亡し，凶悪犯罪を起こした事件を取り上げたCM「ウィリー・ホートン」（Willie Horton）とともに，報道でも多く取り上げられた（The Livingroom Candidate）。「ブッシュは死刑制度を支持します」というナレーションで始まるこのCMは，ホートンの事件を取り上げた上で，「一時帰休。それがデュカキスの犯罪政策です。」というナレーションで終わる。

同じくブッシュ陣営の「戦車乗車」（Tank Ride）では，安全保障問題に弱い自身のイメージを払拭すべく，戦車に乗車したデュカキスのパフォーマンスを取り上げ，サイズの合わない大きいヘルメットをかぶり，満面の笑みを浮かべているデュカキスの映像とともに，ナレーションと画面コピーで彼が安全保障政策に反対している点を強調した（The Livingroom Candidate）。

また，デュカキス候補がマサチューセッツ州の知事を務めていた当時，選挙時の約束を果たさなかったため，ボストン港に深刻な汚染問題を引き起こし，大統領選でも同じようなことを繰り返していると主張するネガティブ広告も制作された（The Livingroom Candidate）。

国内問題が争点となっていた1992年，1996年，2000年大統領選とは対照的に，テロとイラク戦，安全保障が争点となった2004年大統領選ではネット広告が本格化した。ジョージ・W・ブッシュ陣営の広告の多くがネガティブ広告で，ネット広告「ケリーの過激な連合」（Kerry's Coalition of the Wild-Eyed）では，ケリー候補と民主党議員が激怒するシーンが続き，イラク戦に反対する市民運動団体のムーブオンがブッシュ大統領の攻撃広告に使ったナチスのヒトラーのシーンなどが挿入された。CMでは，安定した指導力と進歩が必要な時代であると訴える。この広告へのリンクは，600万もの支持者に送られた（The Livingroom Candidate）。また，「質問は？」（Any questions?）は出演者

が次々とケリー候補が嘘つきで信頼できない人物であると証言する内容となっている。

2008年大統領選のオバマ（Obama）候補陣営の選挙キャンペーンは，ポジティブ広告が中心だったが，オバマ攻撃に終始一貫したマッケイン（McCain）陣営に対抗するネガティブ広告も一部制作された。マッケイン陣営は，オバマ候補が過激な団体の運営に関わっていたことを隠しているとし，また安全保障問題などを取り上げ，有名人である「バラック・オバマはアメリカにとって危険である」（Barack Obama. Too risky for America），「偽善者」と攻撃した。それに対抗したオバマ陣営のネガティブCMは，支持率が急激に落ちていたブッシュ大統領とマッケイン候補を結びつけるものであった（The Livingroom Candidate）。

ネガティブ広告に関する内容分析研究

選挙戦におけるネガティブキャンペーンの増加と有権者への影響から，政治広告における攻撃性を分析した研究も多く報告されている。

まず1952年から2004年までのアメリカ大統領選のテレビCMの分析から，1990年代以降の大統領選，すなわち1992年，1996年，2000年，2004年の政治CMにおいてネガティブ広告の占める割合が増加したことが示されている（Kaid, 2006）。ネガティブ広告の批判・攻撃の対象としては，
1）争点と関連する対立候補者の政治的立場
2）対立候補者のイメージ
3）対立候補者が所属する政党
などがある（Johnston & Kaid, 2002）。

一般的に，アメリカでは，対立候補のイメージにダメージを与えようとする攻撃型の広告が多いというイメージがある。しかし，それは，こうした政治CMがメディアで注目され，取り上げられる傾向があるためである。実際，ネガティブ広告の対象は，候補者のパーソナリティより争点に向けられることが多い（Johnston & Kaid, 2002; Kaid & Johnston, 2001; Kaid, 2006）。

そしてカイドとジョンストン（Kaid & Johnston, 1991）は，ネガティブ広告の表現上の特徴として興味深い結果を明らかにしている。まず政治CMの音声分析から，ネガティブ広告における候補者の登場率が低く，候補者自身

による直接的攻撃が相対的に少ないことを明らかにしている。そしてネガティブ広告の多くがユーモア性を含んでいた。こうした表現手法は，ネガティブ広告に対する有権者の否定的評価や反感が候補者のイメージに向けられることを避けるための戦略と解釈することができる。

しかし，ネガティブ広告の増加はアメリカに限られる問題のようである。前述したカイドとホルツーバッハ（Kaid & Holtz-Bacha, 2006）では，検討を行ったほとんどの国の政治 CM において，ポジティブ広告がネガティブ広告より多かった。1992年，1997年，2002年の韓国大統領選のテレビ CM を分析した研究（Khang & Tak, 2006），1952年から2002年までの韓国大統領選の新聞広告を分析した研究（Kim, 2006）から，ポジティブ広告がネガティブ広告より多いことが示されている。また，与党候補より野党候補の方がネガティブ広告を多用していたことも確認されている（Kim, 2006）。また，イギリスの1992年から2001年までの主要政党の選挙放送の分析からも，ポジティブ広告が主流であることが明らかにされている（Scammell & Langer, 2006）。

第5章で後述するように，ネガティブ広告に対しては，候補者や政党に対する一方的な批判や攻撃が有権者の政治的シニシズムをもたらすとの批判が多い。しかし，一方で争点への批判や攻撃は選挙における争点を打ち出し，有権者に対して情報的機能を果たしているとの指摘もある（たとえば，West, 1997）。

次の4節と5節では，政治広告における争点とイメージ，政治広告のアピール技法，政治広告における攻撃性に関する研究を踏まえ，日本における政治広告の内容的特徴について検討した結果を述べる。具体的には，戦後の衆議院議員選挙と参議院議員選挙の選挙期間中に朝日新聞に掲載された新聞政党広告における言語情報とビジュアル分析，1989年以降，関東民放5局で放送されたテレビ政党 CM の言語情報，音声と映像などの特徴に関する分析を行った。新聞の場合は，第1章で示した政治広告の第4期「政治広告発展期」と第5期「政治広告変革期」，テレビの場合は，第5期「政治広告変革期」を中心とした広告が分析対象となった。本章で新聞とテレビの政党広告を内容分析の対象としたのは，次の理由からである。

まず，新聞政党広告は，有権者の政治や選挙に関する情報源として一定の

役割を果たしており（朝日新聞社，2007；明るい選挙推進協会，2008），政治に関する広告媒体としての歴史も長く，政治的情報やイメージの表現と選挙キャンペーン戦略の変遷を知るうえで重要な媒体といえる。テレビ政党CMの場合は，言語と映像情報，音声・音響など多様な要素が使われており，各政党が争点提示とイメージ構築のために用いてきた戦略を多様な側面から分析することが可能である。

4．新聞政党広告の分析

研究方法

新聞政党広告の収集は次のような手順で行われた。分析対象は，朝日新聞に掲載された政党広告とした。分析対象期間は政党広告が最も多く出稿される衆議院議員選挙と参議院議員選挙の選挙期間とした。したがって，本書の分析対象となった新聞政党広告はすべて衆参院選の「選挙広告」である。選挙期間は公職選挙法によって定められている公示日から投票日前日までである。投票日当日に新聞政党広告が出稿される場合があるが，この場合の政党広告は，選挙広告ではなく政党の私費で行われるもので，選挙での支持を呼びかけることはできない。分析対象となった各選挙の選挙期間は付録1（p.185）のとおりである。

分析単位は広告表現とし，各選挙期間中に出稿された広告のうち重複するもの，政党名のみで表現が限られている広告（「比例代表は○○党へ」）を除き，最終的に「朝日新聞縮刷版」に掲載された1965年から2007年までの衆議院・参議院議員選挙期間中の政党広告576件を収集した[8]。ビジュアルとメインコピーが同じで，一部のコピーに若干の違いがあるものも含まれている。

主な分析項目は，新聞政党広告の情報と構成を考慮し，
1）登場人物
2）争点
3）ネガティブ表現の有無

とした。登場人物としては，党首と一般人の登場を分析した。言語情報は，東大法・蒲島郁夫ゼミ（2002），カイドとディミトロバ（Kaid & Dimitrova, 2005），実際の政党広告の検討結果に基づき，景気，雇用，税金，財政に関

する争点と表現を「経済」，年金，教育・子育て，医療に関する争点と表現を「社会保障・福祉」(以下福祉)，憲法をめぐる議論を「憲法」，改革，革新，未来，夢や希望に関する争点または表現を「改革・未来志向」，安心・安全，ゆとりに関する表現を「安心・ゆとり」に分類し，各争点・表現が強調されているかどうかで分析を行った。

ネガティブ表現は，実際の政党広告の検討結果に基づき，「明示的もしくは暗示的表現で他政党や党首，党関係者に対する批判を行い，否定的なイメージを与えることを目的とした表現」と定義し，

1）他政党や党首，党関係者名の直接的言及による「明示的ネガティブ表現」

2）不祥事などネガティブな出来事への言及，政策，争点，社会的諸問題に対する批判によって他政党や党首，党関係者を連想させる「暗示的ネガティブ表現」

に区別した（李，2007；E, 2007）。

そして日本の政治的状況と特徴を考慮し，政党別分析においては，与野党の比較ではなく，執権与党ではなかった時期もあるが，長期間執権与党で，2009年衆議院議員選挙前まで中心的な政党としての勢力基盤を維持し続けてきた「自民党」(61件) と「非自民党」(515件) に分類し，分析した。衆議院議員選挙と参議院議員選挙の広告の比較から有意な違いは見られなかったため，衆参議院議員選挙広告を合わせて分析を行った[9]。

出稿量ではないが，分析対象となった広告件数が多かった選挙，すなわち最も多くの表現の広告が出稿された選挙は，1989年の第15回参議院議員選挙，1986年の衆参同時選挙で，それぞれ分析対象となった広告全体の1割を占め(1989年：11.6％, 1986年：11.1％)，次いで1983年参議院議員選挙（9.4％), 1992年参議院議員選挙（8.3％) の順である（図2-1）。

新聞政党広告における言語情報

新聞政党広告の言語情報を，「経済」，「福祉」，「憲法」，「改革・未来志向」，「安心・ゆとり」関連争点・表現に分類し，分析した。その結果，最も多かったのは，「改革・未来志向」(38.4％) と関連する表現で，次に「経済」関連 (23.3％)，「福祉」関連 (17.2％) の争点・表現の順であった。新聞政

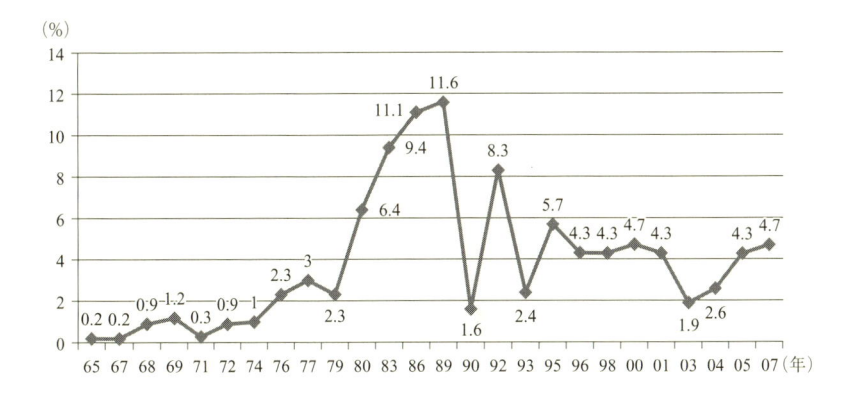

図2-1　分析対象となった新聞政党広告の割合

注）衆院選：67，69，72，76，79，80，83，86，90，93，96，2000，2003，2005
　　参院選：65，68，71，74，77，80，83，86，89，92，95，98，2001，2004，2007
　　80年・86年：衆参同時選挙

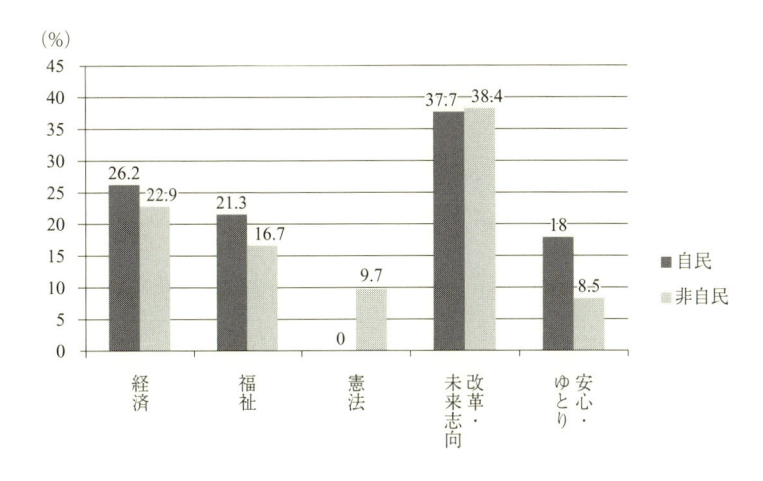

図2-2　政党別にみた新聞政党広告の争点・表現

注）憲法：$\chi^2 = 6.485$　$df = 1$　$p < .05$
　　安心・ゆとり：$\chi^2 = 5.686$　$df = 1$　$p < .05$

治広告において，各政党は改革を訴え，未来，夢，希望を語り，経済や福祉など身近な暮らしの問題をアピールしてきたといえる。

政党別分析（図2-2）からは，まず「改革・未来志向」において，自民党と非自民党で違いはなかった。「経済」，「福祉」についても有意な違いは

第2章　政党広告の内容的特徴　39

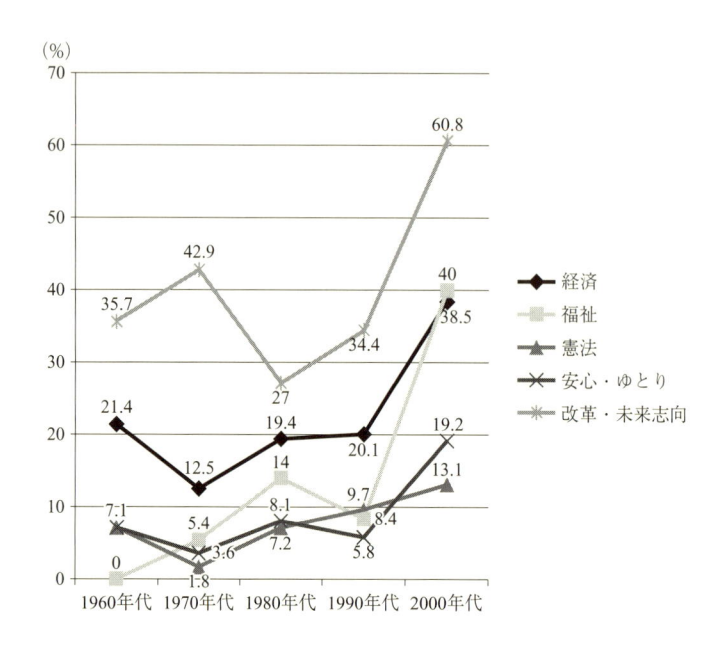

図2-3　年代別にみた新聞政党広告の争点・表現

注）経済：$\chi^2=23.214$　$df=4$　$p<.001$
　　福祉：$\chi^2=65.840$　$df=4$　$p<.001$
　　安心・ゆとり：$\chi^2=19.501$　$df=4$　$p<.01$
　　改革・未来志向：$\chi^2=41.198$　$df=4$　$p<.001$

なかった。これは，政党と関係なく，新聞政党広告では「改革・未来志向」に関連する表現を多用し，「経済」，「福祉」関連の争点を打ち出すことが多いということを示す結果である。政党別に違いが見られたのは，予想どおり「憲法」関連で，非自民党が多く，そのほとんどが日本共産党によるものである。また，「安心・ゆとり」関連は自民党が多くなっていた。

年代別には，近年の政治改革ムードを反映し，「改革・未来志向」関連が増加していた。1970年代から1980年代にかけて減少するが，1990年代から2000年代に向かって急増している。また，年金，教育・子育て，医療などの問題への関心の増加を反映していると思われる「福祉」関連も増加傾向を見せており，2000年代は4割の政党広告で強調されていた。これには，年金問題が最大争点となった2007年選挙など，近年の国政選挙の特徴が関連しているといえる（図2-3）。

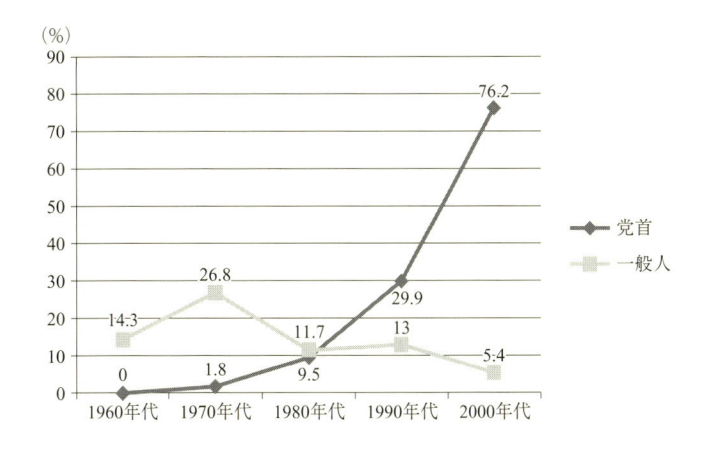

図2-4　年代別にみた新聞政党広告の登場人物
注）党首：χ^2=207.502 df=4 $p<.001$　一般人：χ^2=17.010 df=4 $p<.01$

新聞政党広告の登場人物

　新聞政党広告のビジュアル要素は，グラフやイラストなどが使われる場合もあるが，そのほとんどが人物であり，近年は政党広告と言えば，党首・代表が登場するものが主流となっている印象が強い。しかし，これは，1990年代以降の傾向のようである。新聞政党広告の登場人物を「党首」，「一般人」に分け，分析した結果（図2-4），党首・代表の登場は1960年代はなかったが，その後年代とともに増えている。それに対し，一般人の登場は1970年代をピークに減少してきている。政党別に党首と一般人の登場を分析した結果，自民党と非自民党の違いは見られなかった。政党に関係なく，「政党の顔」として党首を前面に出す広告が定着してきているといえる[10]。

新聞政党広告のネガティブ表現と年代別特徴

　次に，新聞政党広告のネガティブ表現について検討する。新聞政党広告には，様々な争点や情報が含まれることが多いため，全体的にネガティブな方向の広告かどうかではなく，ネガティブ表現が含まれているかどうかという点で分析することが妥当であると判断した。ネガティブ表現の分析結果，明示的ネガティブ表現，暗示的ネガティブ表現を合わせて，ネガティブ表現が含まれている広告は，全体の27.3％を占めていた。明示的ネガティブ表現は，全体の7.8％の広告に含まれていた。年代別にみると，明示的ネガティブ表

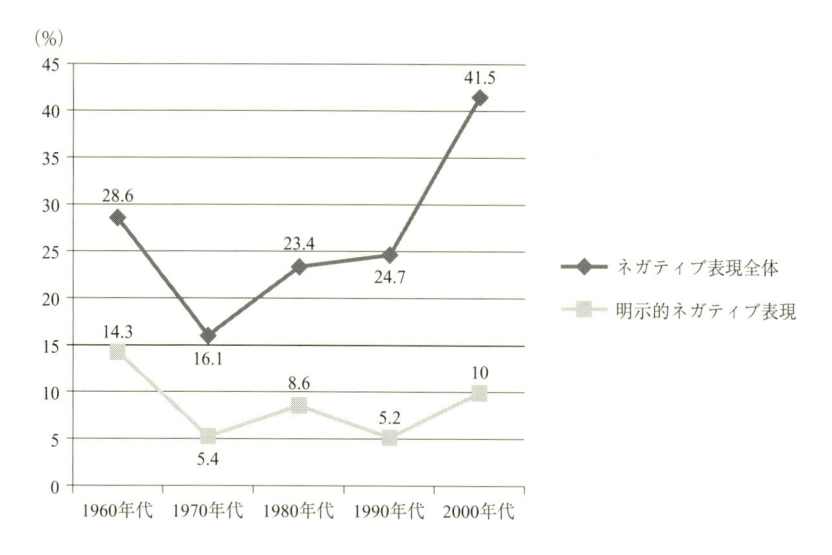

図2-5　年代別にみた新聞政党広告のネガティブ表現
注）ネガティブ表現全体：χ^2=19.082　df=4　$p<.01$

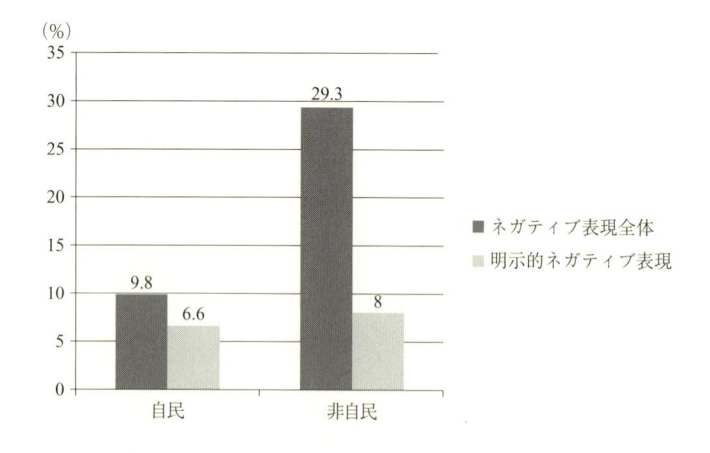

図2-6　政党別にみた新聞政党広告のネガティブ表現
注）ネガティブ表現全体：χ^2=10.443　df=1　$p<.01$

現，暗示的ネガティブ表現を合わせてネガティブ表現が含まれている広告は，とりわけ1990年代以降増加していた（図2-5）。そのうち，他政党や党首，党関係者名の直接的言及による明示的ネガティブ表現が含まれている広告は，年代による大きな差はなく，1割前後の水準で推移していた。

政党別にみると（図 2-6），ネガティブ表現全体では非自民党が自民党より有意に高かった。明示的ネガティブ表現が含まれている広告は，自民党も非自民党も 1 割に満たない。
　それでは，日本の選挙戦においては具体的にどのようなネガティブな表現が用いられてきたのだろうか。新聞政党広告のネガティブ表現の事例を年代による特徴を中心に検討する（具体的な事例一覧は付録 2，p.186 参照）。
　まず，1970 年代と 1980 年代の野党による新聞政党広告においては，自民党の不正腐敗などを批判する表現が目立つ。第 1 章で検討したように，1970 年代以降は，自民党が度重なる政治スキャンダルで大きく議席を失い，いわゆる 55 年体制が流動化した時期である。
　具体的には，自民党の長期執権による政治腐敗，金権政治などの政治スキャンダルを攻撃している広告として，
・戦後の日本政治はほとんど自民党によって行われてきました。このため政治は腐敗し，権力化しています（民社党，1974 年参院選）
・ロッキード金権政治に対決（日本共産党，1976 年衆院選）
がある。一方で，
・腐敗・無能の保守政治はもう終わりです　でも無責任な反対野党ではどうしようもない（民社党，1977 年参院選）
という，自民党攻撃とともに，野党による野党勢力批判も見られる。
　また，この時期には，具体的な争点，たとえば経済政策，税金，選挙制度などに関する批判も見られる。
・物価上昇，公害の根源は？……大企業奉仕の「高度成長」政策。石油危機を招いたのは？……アメリカ依存政策。食糧危機の不安があるのは？……亡国農政。土地不足，地価暴騰をあおったのは？……「列島改造論」（日本共産党，1974 年参院選）
・財界べったりの物価つりあげ政治に鉄ツイを!!（公明党，1974 年参院選）
・四割台の得票で八割の議席を独占しようという小選挙区制こそ，一党の永久独裁をもくろむものです。（日本共産党，1974 年参院選）
・自民党は貝。総選挙後に口を開く……大企業や土地助成などへの不公平税制をそのままにして，まじめに働くものの税負担を重くする自民党政府のやり方（日本社会党，1979 年衆院選）

などである。

　1980年代に入ってからも，自民党の政治スキャンダル，消費税など具体的な争点など，自民党に対する攻撃が続く。

- 自民党は，汚職かくし，軍拡，改憲，大増税，福祉切りすてを，国民に押しつけようとしています。（公明党，1983年衆院選）
- 腐敗と軍拡の自民党政権打倒（社労党，1986年衆参同時選挙）
- 自民いやなら税金党——消費税は白紙へ！（税金党，1989年参院選）

などがある。一方で，

- "革新"＝社共の堕落は深い（社労党，1986年衆参同時選挙）

と野党勢力の中での批判も見られる。

　1990年代は，1970年代，1980年代に比べると，具体的政策批判を伴わない，反自民的姿勢からのキャッチフレーズが目立つ。具体的には，

- 今度こそ自民党の一党支配を終わらせよう。（公明党，1993年衆院選）
- 自民だけではできなかった　新進もできない。（日本社会党，1995年参院選）
- コトの真相シリーズ4　社民党が自民，民主，自由の保守系議員が進める憲法調査委員会の国会設置に反対する理由（社民党，1998年参院選）
- 野党のときも，与党のときも，そして今，野党になっても，自民党の暴走を許さず，国民本位の政策を実現。（社民党，1998年参院選）

などである。

　2000年代は，自民党総裁，すなわち首相名に言及するネガティブ表現が目立つ。

- 「寝てろ」と言われて，寝てられますか？　森首相に，自公政権にレッドカードを！　いまの政治，いまの社会，変えたい人の民主党。（民主党，2000年衆院選）
- 大失業社会を招く小泉「改革」に反対します（社民党，2001年参院選）
- キナ臭いぞ小泉内閣。危険な動きを押し返そう（社民党，2001年参院選）
- 小泉内閣4年4カ月の間に何が変わったでしょうか……この政権をこれ以上続けさせることは日本を危うくするだけです。（民主党，2005年衆院選）

などである。

また,
- ・「改革」の名でなにかいいことあったでしょうか？ 郵政民営化も,国民のためではありません（日本共産党,2005年衆院選）
- ・現政権は,この4年間で170兆円も赤字国債を発行し,1時間当たり39億円増加。(新党日本,2005年衆院選)

などの自民党政策批判も見られた。

ネガティブ表現は,野党側だけではなく,自民党の政党広告でも見られる。1989年の参議院議員選挙では,
- ・野党の税制改革案では,日本の将来が心配です。

と野党税制改革案を批判し,国民の不安をあおる内容となっている。1990年衆議院議員選挙では,消費税をめぐり,
- ・自民党の消費税見直し案は責任がもてる現実的な案です。社会党の消費税廃止案は物品税など,多くの「間接税復活案」です。

と,社会党の消費税廃止案を徹底的に批判した。

1996年衆議院議員選挙では,
- ・7％増税を提案した細川さん,10％増税論の小沢さん,15％増税論の羽田さん。新進党は,本当は何％ですか。

と新進党を痛烈に批判した。この広告は,おそらく日本の政治広告史上最も有名なネガティブ広告である。

2004年参議院議員選挙では,自民党が,
- ・約束を守らない民主党にあなたは納得できますか？

と民主党を批判する全面広告を出稿した。
- ・衆議院では賛成　参議院では一転して拒否
- ・コロコロ変わるイラク人道復興支援の主張

と「場当たり的に都合の良い方へ,意見や立場を変える民主党。」を非難し,「自民党は,政権公約をはじめ,約束した政策を執権与党として,着実に進めていきます。」と主張した。

新聞広告にみる自民党の広告戦略

上述した内容分析と事例分析から,ネガティブ表現は主に野党の政党広告で多用されてきたことが分かった。それに対し,自民党はどのような表現戦

略を採用してきたのだろうか。自民党の政党広告の分析のため，選挙別，年代別に自民党の新聞広告のキャッチコピーを中心に検討を行った（具体的な事例一覧は付録3，p.188参照）。

　まず1968年参院選と1969年衆院選で出稿された新聞政党広告では，自民党が，

・日本をよくする

・日本の政治を担当できる政党は自由民主党です

・お宅のしあわせを守る

など，自民党の政権担当能力や安心感などを訴えている。1968年参院選での自民党の政党広告でも，当時の自民党総裁佐藤栄作氏の「国民の皆さん」と始まる書簡形式の広告で，それまでの自民党の実績，21世紀を日本の世紀にし，日本の自由を守ることは執権政党としての「使命」であると主張している。それに対し，野党側の広告では，

・政界を浄化（公明党）

など自民党を意識した批判的な表現が目立っており，対照的である。

　執権与党としての自民党の政党広告の特徴は，その後の選挙においても続いた。具体的には，

・日本に責任をもつ（1976年衆院選）

・自民党だから，お約束できます。自民党だから，実行します。（1983年参院選）

・自由・平和を守って30年　自民党だから，「安心・安全・安定」です。（1986年衆参同時選挙）

・自由を守って34年。野党の税制改革案では，日本の将来が心配です。（1989年参院選）

・実績が明日への力です（1993年衆院選）

・寄せ集めの政治に，いまの日本を，あなたは任せられますか。（1993年衆院選）

・安定した政治安心できる日本。お任せくださいこれからも。（1993年衆院選）

・テーマは「日本」。この国を想い，この国を創る。（2004年参院選）

・成長を実感に！（2007年参院選）

・日本を守る,責任力。(2009年衆院選)

など,自民党は保守与党として多くの支持層が望む安定,安心感,愛国心などをアピールする戦略を取ってきたといえる。
　一方で,
・Open. 新しい自民党 (1996年衆院選)
・自民党は変わった！　改革政党になった。(2003年衆院選)
・さあ！　あたらしい日本へ　自民党を変える。日本を変える。(2001年参院選)

など,改革を目指す自民党,新しい自民党をアピールする戦略も展開された。一方で,「小泉改革」などと言われた自民党の改革シンボルは,
・大失業社会を招く小泉「改革」に反対します (社民党,2001年参院選)
・「改革」の名でなにかいいことあったでしょうか？　郵政民営化も,国民のためではありません (日本共産党,2005年衆院選)

など,野党側からの攻撃対象となる。
　次節では,政党 CM のアピール内容と技法,争点,ネガティブ表現,登場人物に関する分析結果,選挙別政党 CM 分析結果について述べる。

5．政党 CM の分析

研究方法
　ここでは,テレビ政党 CM（以下政党 CM）の争点とイメージ,アピール技法,攻撃性に関する量的分析,各年代と選挙別に事例分析を行った結果を述べる。分析対象は1989年から2008年まで関東民放5局で放送されたすべてのテレビ政党 CM222本である[11]。新聞政党広告の研究では選挙期間中の選挙広告を対象としたが,前述したように政党 CM は日常的政治活動の一環として出稿される広告である。公職選挙法では,「選挙運動」と「政治活動」が厳密に区別され,選挙運動の方法として認められていない政党 CM で直接選挙での支持を呼びかけることはできない。しかし,前述したとおり,選挙期間中であっても「政治活動の一環」として行うことは問題ないという判断から,公示後も政党 CM を利用した選挙キャンペーンが「政治活動の一環」として行われており,選挙期間中にその出稿が集中しているため,実質

的には選挙キャンペーン手段となっているのが現状である。ただし，投票日当日の放送については民放各局で放送を自粛している。

政党 CM の主な分析項目は，

1）アピール内容
2）アピール技法
3）言語情報
4）ネガティブ広告
5）登場人物

である。アピール内容としては，前述したレビューを踏まえ，争点広告とイメージ広告について分析した。そしてカイドとホルツーバッハ（Kaid & Holtz-Bacha, 2006）による候補者個人の広告の定義を政党広告に適した表現にし，争点広告を「選挙の争点と政党の政策的立場に焦点を当てた広告」，イメージ広告を「党首や政党の信頼性，業績に焦点を当てた広告」と定義した。分析では，争点とイメージ両方が強調されている場合を考慮し，各要素がそれぞれ CM で強調されているかどうかで判断した。

次に，アピール技法について，カイドとホルツーバッハ（Kaid & Holtz-Bacha, 2006）に基づき，論理的アピールは「論理的証拠，事実情報と例，統計的データによってアピールするもの」，感情的アピールは「愛国心，怒り，自負心のような感情を喚起する言語とイメージによってアピールするもの」と定義した。信頼性アピールは「資質，誠実さ，信頼性のような情報で党首や政党の良いイメージをアピールするもの」と定義し，政党広告に適した表現とした。分析では各アピールが見られるかどうかで判断した。

また，その他のアピールとして，ユーモア・アピールと愛国心アピールを分析した。ユーモア・アピールは近年日本の政党 CM の特徴として指摘されている。また愛国心アピールは政治広告における重要なアピール手段の一つとなっている。これらのアピールを分析した理由は，政党との関連性が予想されるためである。すなわち，自民党との違いをアピールするため，非自民党においてユーモア・アピールなど，政党 CM としてはユニークな表現が用いられる傾向が見られる。一方で，自民党の場合は保守与党として愛国心アピールを多用してきたことが予想される。ここではこの点についても分析を試みた。ユーモア・アピールは，「言語情報や視聴覚的表現を用いて

CM 視聴者のユーモア知覚を意図していると判断されるもの」と定義した。また愛国心アピールは，「『日本』，『日本人』，『この国』などの表現を用いて言語情報と映像で CM 視聴者の愛国心に訴えるもの」と定義した。

次にネガティブ表現は，新聞政党広告の分析と同様，「明示的ネガティブ広告」と「暗示的ネガティブ広告」に区別した。また，ネガティブ表現の対象を，

1) 現状批判
2) 争点に対する批判・攻撃
3) 対立政党と党首・代表のイメージに対する批判・攻撃

に分けて分析した。

政党 CM の言語情報については，画面コピーとナレーション両方を対象に，「経済・財政」，「改革」，「雇用」，「税金」，「医療・福祉」，「教育・子育て」，「環境」，「憲法」，「その他」に分類し，政党 CM で強調されているかどうか分析を行った。登場人物については，党首，一般人を演じる人の画面上の登場と音声での登場における特徴を分析した。そして，一般人の特徴を，性別，年齢，職業的特徴に基づき，「子ども」，「若者男性」，「若者女性」，「主婦」，「社会人男性」，「社会人女性」，「高齢者」に分類し，政党 CM における登場とその特徴を分析した[12]。

出稿量ではないが，分析対象となった CM 件数は，参議院議員選挙が実施された2001年が最も多く，次いで参議院議員選挙が実施された2007年である。衆議院議員選挙が実施された1996年と参議院議員選挙が実施された1998年も多くなっている（図2-7）。

政党 CM のアピール内容と技法

まず，政党 CM のアピール内容について分析した結果（図2-8），争点が強調されている政党 CM とイメージが強調されている政党 CM はそれぞれ5割前後で，どちらも同じ割合で強調されていた。アピール技法としては，韓国大統領選候補者 CM を分析したカンとタック（Khang & Tak, 2006）と同様，日本の政党 CM において信頼性アピールが7割を超え，最も多く用いられていた。アジアにおける政治広告のアピール手法には，人柄や人物を重視するアジア的伝統や文化が影響している可能性があるというカイドとホルツー

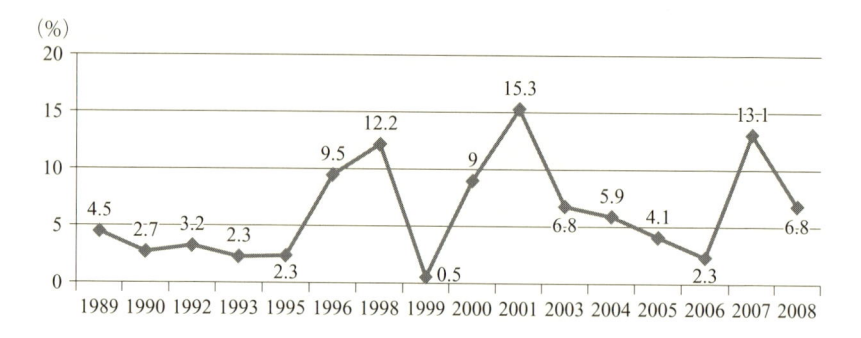

図2-7　分析対象となった政党CMの割合

注）政党CMの場合は，選挙広告ではないが，国政選挙が行われた年は次のとおりである。
年度末から翌年の選挙向けの広告が出稿される傾向がある。
衆院選：90, 93, 96, 2000, 2003, 2005, 参院選：89, 92, 95, 98, 2001, 2004, 2007

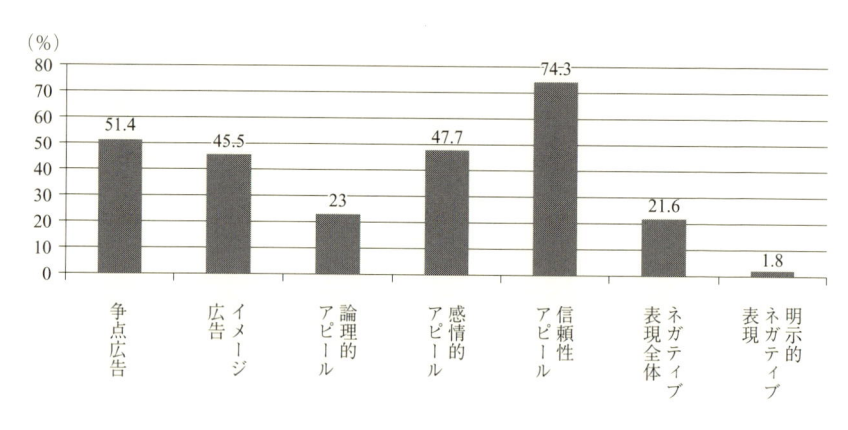

図2-8　政党CMのアピール内容，アピール技法およびネガティブ表現

バッハ（Kaid & Holtz-Bacha, 2006）の指摘と一致する結果である。韓国が候補者個人の広告で日本は政党の広告であるという違いはあるが，政治家個人または政党の信頼性が強調されているという点は興味深い。

次に，感情的アピールを用いた政党CMも5割弱あったのに対し，論理的アピールは約2割で最も少なかった。政党CMにおける感情的アピールと論理的アピール利用の違いには，テレビという媒体の特徴が関係していると思われる。また明示的ネガティブ表現が含まれている広告は2％弱で新聞政党広告より少なかった。ネガティブ表現の事例と特徴については後述する。

(グラフ)

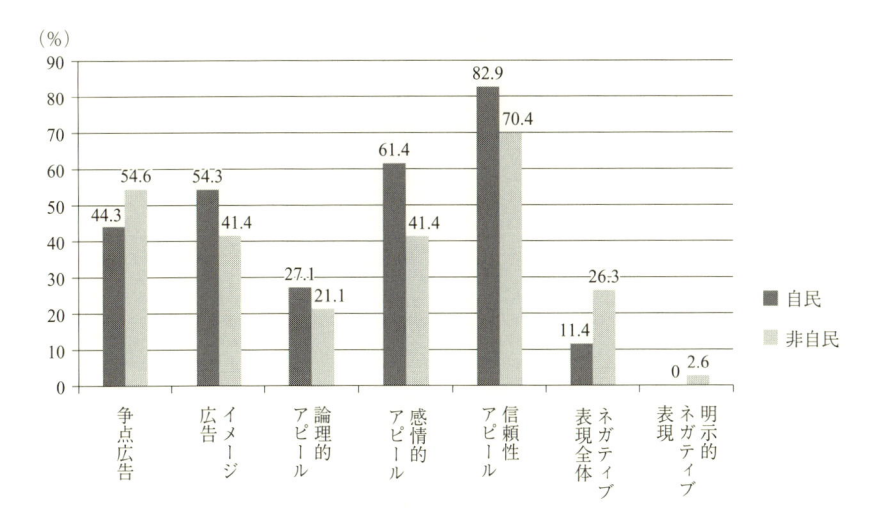

図2-9　政党別にみた政党CMのアピール内容，アピール技法およびネガティブ表現

横軸項目：争点広告／イメージ広告／論理的アピール／感情的アピール／信頼性アピール／ネガティブ表現全体／明示的ネガティブ表現

自民／非自民の値：
- 争点広告：44.3／54.6
- イメージ広告：54.3／41.4
- 論理的アピール：27.1／21.1
- 感情的アピール：61.4／41.4
- 信頼性アピール：82.9／70.4
- ネガティブ表現全体：11.4／26.3
- 明示的ネガティブ表現：0／2.6

さらに，政党別に政党CMのアピール内容を分析したところ（図2-9），自民党と非自民党の興味深い違いが見られた。すなわち非自民党の広告ではイメージより争点が強調されている場合が多かったのに対し，自民党の広告では争点よりイメージが強調されている場合が多かった。

論理的アピールの場合は政党による違いは見られなかったが，信頼性アピールと感情的アピールは，自民党のCMでより多く用いられていることが明らかにされた。これらの結果は，自民党が，政治的に優位な保守政党としての安心感や信頼性，イメージを有権者にアピールしてきたことを示している。

次に，近年の政党CMの特徴として挙げられているユーモア性についても分析を行った（図2-10）。ユーモア知覚を意図していると判断できるCMは，全体の約2割を占めていた。その割合は，非自民党が自民党より多く，非自民党は「広告戦」において自民党との「差別化」を図る必要があったことがその背景にあると考えられる。年代別違いは見られなかった。愛国心アピールは，全体の2割弱で，自民党のCMで多く見られた。これは，分析対象となった時期の保守与党としての自民党の特徴が政党CMにも現れた結果であろう。年代別に分析したところ，表現手法が多様化してきた2000年

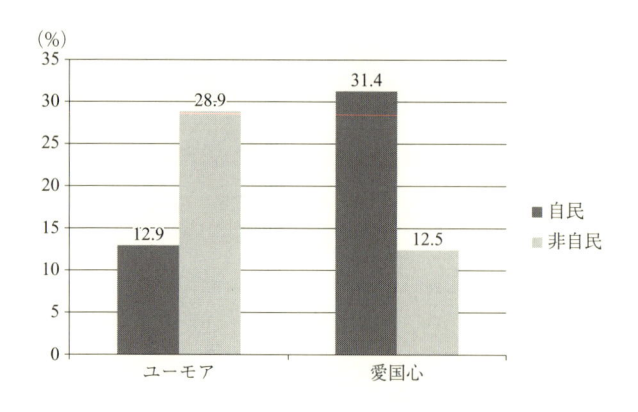

図2-10　政党別にみたユーモアと愛国心アピール

代（22.9%）が1990年代（12.5%）より増加していた。

政党CMの争点

　それでは，政党CMにおいて，争点はどのように提示されてきただろうか。政党CMの言語情報を対象に，政党CMで提示されている争点を「経済・財政」，「改革」，「雇用」，「税金」，「医療・福祉」，「教育・子育て」，「環境」，「憲法」，「その他」に分類し，分析を行った（図2-11）。

　政党CMの争点としては，「医療・福祉」関係が最も多く取り上げられていた。次いで，「改革」，「経済・財政」，「税金」，「教育・子育て」，「雇用」，「憲法」の順であった。「改革」を除くと，全体的には身近な生活や暮らしの問題を争点として取り上げた政党CMが多かったといえる。

　次に，政党CMにおける争点を政党別に検討したい（図2-12）。「改革」は自民党が最も強調した争点で，3割近くを占めていた。次いで多いのが，「医療・福祉」，「経済・財政」，「教育・子育て」の順である。非自民党の政党CMで多く取り上げられた争点は，「医療・福祉」で2割強を占めていた。次いで，「税金」，「経済・財政」，「改革」の順であった。

　自民党と非自民党の違いが顕著に見られた争点は，「税金」，「改革」，「雇用」，「教育・子育て」である。「税金」は，非自民党で強調される傾向があった。また，「雇用」も非自民党の政党CMで多く取り上げられていた。一方で，「改革」は自民党の方が強調していた。「教育・子育て」に関しても

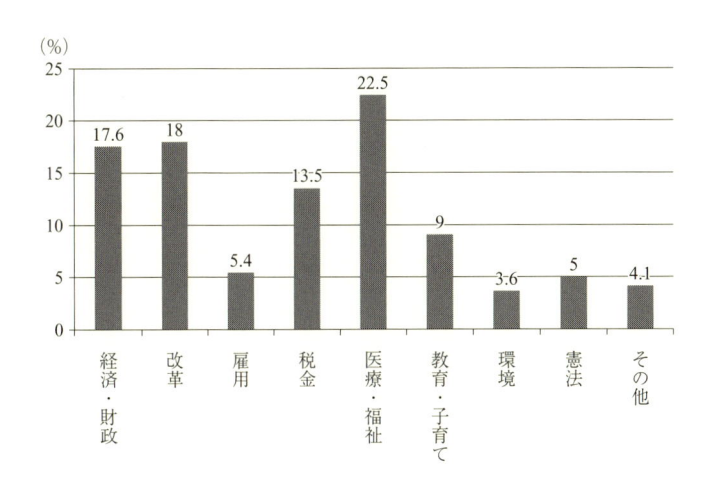

図 2-11　政党 CM の争点

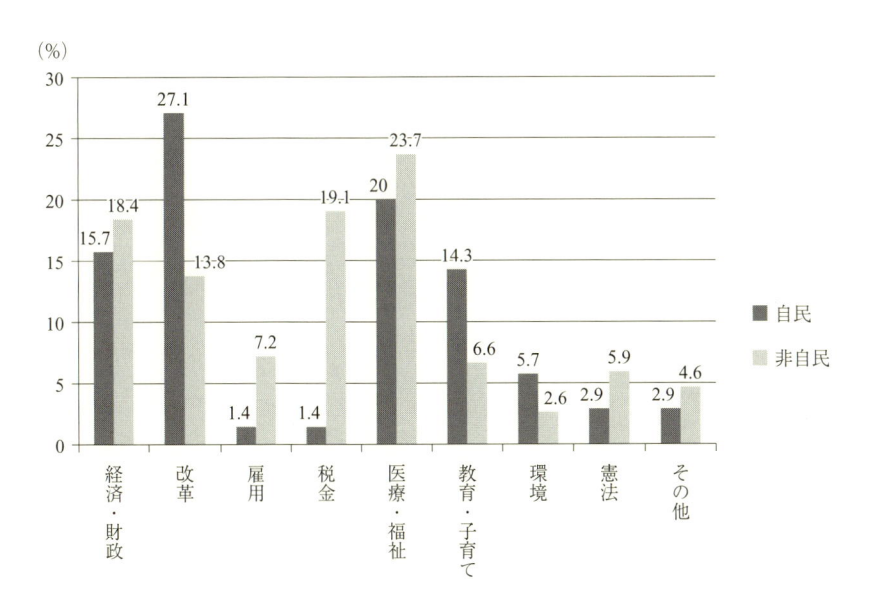

図 2-12　政党別にみた政党 CM の争点

自民党の政党 CM で多く取り上げられていた。

　次に，政党 CM の争点を年代別に検討する（図 2-13）。2000年代は，年金問題，社会保障への関心とニーズの高まりを反映し，「医療・福祉」が 3 割

第 2 章　政党広告の内容的特徴　53

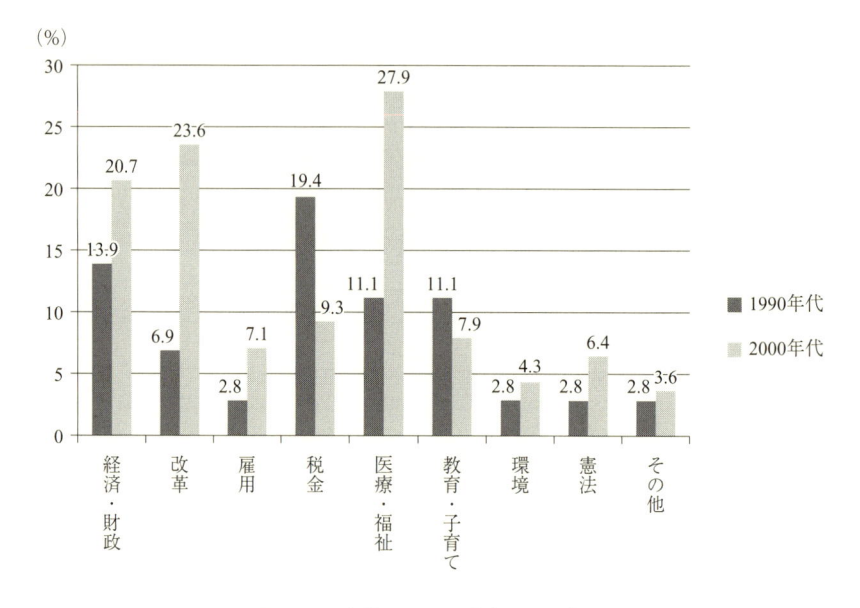

図2-13　年代別にみた政党CMの争点

弱で最も多く取り上げられていた。「改革」,「経済・財政」も2割ほどを占めている。それに対し,1990年代の政党CMでは,「税金」,「経済・財政」が多く取り上げられていた。2000年代に入って,とりわけ「改革」,「経済・財政」,「医療・福祉」,「雇用」が,1990年代より増加していた。

総じて,政党CMは,各政党の政治的立場や,各年代の政治的,社会的状況を色濃く反映してきたといえる。

政党CMのネガティブ表現

次に,政党CMのネガティブ表現について検討を行う。明示的,暗示的ネガティブ表現を合わせたネガティブ表現が含まれているCMは,21.6％を占めていた。そして明示的ネガティブ表現が含まれている政党CMは,1.8％と少なかった。政党CMでは,新聞政党広告に比べ,ネガティブ表現が用いられる場合は少ないという結果である。前述したカイドとホルツーバッハ (Kaid & Holtz-Bacha, 2006) は,ネガティブ広告が最も多かった国はアメリカで,レビューを行ったほとんどの国において少なかったことを報告し

ている。日本の政党CMでも明示的表現は少ないという結果となった。また明示的，暗示的ネガティブ表現を合わせたネガティブ表現の対象も，現状批判が61.2％で最も多く，次に争点批判が32.7％で，イメージは6.1％と少なかった。

　アメリカは候補者個人のCMが多く，日本は政党CMであるため，直接的な比較はできないが，日本ではアメリカで多く見られているようなイメージ攻撃型のネガティブ表現はほとんどなく，野党側が国内の諸問題などの現状を批判する形で与党に否定的なイメージを与えようとする批判型のネガティブ表現が多くを占めているのである。選挙や政治制度上の違いもあるが，その理由を文化的要因と政党広告の媒体となるメディア側の要因から考えることができる。

　たとえば，稲葉（1994）は，日本では商品広告においても比較広告が少なく，相手を直接攻撃するような政治広告はあまり受け入れられない可能性を指摘する。すなわち他者を直接攻撃・非難することを好ましくないとするコミュニケーション・スタイルが政治広告の戦略においても考慮されている可能性が考えられる。また，マス・メディア側の基準が厳しく，ネガティブ広告を展開することが難しいというメディア側の要因も大きい。これまでも政党CMの表現が放送局の放送基準，あるいは公職選挙法に抵触するという理由から放映を拒まれた例や修正を求められた例がある。具体例については後述する。

　政党別にみると，明示的，暗示的ネガティブ表現を合わせたネガティブ表現が用いられている広告は，非自民党が自民党より多く，明示的ネガティブ表現と判断されたものはすべて非自民党によるものであった（図2-9）。同様に，アメリカ大統領選広告の研究からも，現職でない候補の方がネガティブ広告を展開する傾向があったことが明らかになっている（Kaid & Johnston, 1991）。

　さらに，ネガティブ表現における音声分析から，興味深い結果が得られた。プロのナレーターよる批判が約5割で最も多く，次に一般人と党首はともに3割弱であった。党首出演のCMが全体の7割以上を占めていることを勘案すると，党首自身による批判はかなり少ない結果である。さらに，一般人による批判は自民党はなし，非自民党は3割強で対照的であった。映像にお

いても，自民党はポジティブな映像で自民党の信頼性や安心感などをアピールする傾向があったのに対し，野党は，国民の生活苦や不満の声などを通して批判，攻撃を行う傾向が見られた。第3章で検討しているように，2007年参議院議員選挙の政党別映像分析においても同様の傾向が見られている。

次にネガティブ表現の事例について検討する。政党CMのネガティブ表現の多くは，非自民党によるもので，名指しで自民党を攻撃する明示的なものは少なく，自民党の政治腐敗や政策を取り上げ，批判する内容がほとんどであった。

まず，「黒い政治をきれいにします」，「金権腐敗を絶つ」と訴えた1993年の社会党のCMは，度重なる自民党の政治スキャンダルをクローズアップさせようとしたものであった。黒い画面がだんだん白くなるシーンで，黒い政治をきれいにするというイメージを映像でも伝えている。

1992年の日本社会党CM「まじめの一歩」は，強い攻撃性は感じられないものの，自民党と日本社会党の姿勢をユーモラスに対比させている。具体的には，道を歩いていた日本社会党の田辺誠氏が，画面には登場しないが，自民党の宮沢喜一総裁に一緒に車に乗っていくことを勧められる。それに対し，田辺氏は，宮沢総裁にむしろ車から降りて一緒に歩くことを勧める。しかし，宮沢氏を載せた車は「急ぎますんで」と去っていく内容となっている。日本社会党は新聞広告でも「まじめの一歩」をアピールした。

1996年の新進党のCM「国民搾り」は政治広告に多い比ゆ表現によるネガティブ広告である。レモン搾りの映像とともに，この時期に政治問題化した住宅金融専門会社の損失問題とその処理をめぐるいわゆる「住専問題」と「消費税引き上げ」などを取り上げ，「新進党は，これ以上国民搾りを許しません」とアピールした。

2001年参議院議員選挙向けに制作された民主党の一連のCMには，ネガティブな表現が含まれたものが多い。「公共事業」編では，

・こんな時代に毎年40兆円の公共事業ですって。要するに減らせないわけがあるんだよ。

と自民党政権による無駄な公共事業を批判し，「公共事業費を3割削減」と具体的な目標数値を示している。

「天下り」編では，

・一度の失業に苦しむ人がいる。なんども退職金をもらえる天下りがある。特殊法人。それは，天下り天国。特殊法人への天下りを全面禁止へ。

と天下り問題を取り上げたCMも出稿された。

・新内閣の改革は本物か，みんなが注目しています。でも，あの人たちは大丈夫ですか。

と新内閣の改革に疑問を投じ，民主党は「本物の改革」を進めることができると主張した。

2004年の日本共産党のCMでは，

・年金のこと，何とかしてほしいですね。今度は多国籍軍だって。消費税は。憲法は。雇用は。

と政治問題，社会問題を取り上げ，執権与党を批判する内容となっている。

一方，自民党が1993年に出稿したCMは，「ばらばらな主義主張が集まった不安定な政治」と野党を批判し，「安定と確かな前進。実績が明日への力」と長期執権与党としての安心感と実績をアピールしている。

しかし，政党CMではネガティブ表現が問題となり，放送局で修正を求められたり，放送できないケースが相次いでいる。上述した2001年参院選向けの民主党の政治CM「公共事業」編は，日本テレビのCM考査で「向こうには減らせないわけがあるんだよ」という内容が，「中傷」にあたるとして放送できなかった（朝日新聞，2001年7月14日）。「こんな時代に毎年40兆円の公共事業ですって」，「要するに減らせないわけがあるんだよ」という一般人の会話と，当時の鳩山由紀夫代表が「公共事業費を3割削減。しがらみのない民主党は無駄をなくします」と主張したCMの内容に，中傷的表現が含まれている（朝日新聞，2001年3月28日）というのが日本テレビの判断であった。一方，同じCMがテレビ朝日では問題なく放送され，放送局間の見解の違いを見せた。

2001年参議院議員選挙向けに制作された社民党の「本当に怖いことは，最初，人気者の顔をしてやってくる」というCMも，日本民間放送連盟の放送基準で定める「中傷」にあたるとして在京キー局を含む多くの放送局が放送を拒んだ（朝日新聞，2001年7月14日）。しかし，石澤（2002）は，社民党側は，この内容が放送局内部のCM考査で問題になることはすでに予想しており，むしろそれが話題として取り上げられることを意図した戦略だった

という見解を示している。保守党の「政治を健康にします」という表現も，「今の政治は健康でない」という意味になるという理由で，CM考査で問題になった（川上，2002）。

　放送局によって政党CMの放送をめぐる判断が異なるなど，放送局側のCM考査基準は明確でない。また，高瀬（2005）も指摘しているように，政治報道や情報番組などで各政党の政治家の対立政党や政治家に対する批判や攻撃などは問題なくそのまま放送されているが，政治広告での政党の訴えは制限されているのである[13]。基本的には政治広告における表現の自由が認められているアメリカに比べると，日本の放送局の自主規制の壁は高く，後述するように，テレビとインターネットで異なるCM戦略を展開する例も出てきている。これについては次章で検討する。

政党CMの登場人物

　次に，党首・代表と一般人の政党CMへの登場とその特徴を分析した結果を述べる（図2-14）。党首は8割弱の政党CMに，一般人は6割弱の政党CMに登場していた。一般人の登場は年代による違いはなかった。それに対し，政党CMにおける党首の登場率は，1990年代よりも2000年代のほうが増加していた（1980年代は10本と少ないため，1990年代と2000年代で比較した）。

　「党の顔」として党首のCM登場が多くなっている背景には，政党CMの出演は「党首が望ましい」という総務省の判断，政治家の出演は選挙前選挙運動に抵触する可能性があるが，「党派を代表しての出演は例外である」とする日本民間放送連盟の基準（読売新聞，2010年7月3日；朝日新聞，2010年7月21日）などがある[14]。しかし，以前より党首出演が増えている背景には，第1章で検討したように，1994年の選挙制度の改正により，政党が前面に出るようになったという要因もあろう。

　それでは政党CMのもう一つの主役，国民は，どのように描かれてきたのだろうか。いわば政党CMにおける「国民像」を，「子ども」，「若者男性」，「若者女性」，「主婦」，「社会人男性」，「社会人女性」，「高齢者」に分類し，分析した（図2-15）。その結果，最も登場率の高いカテゴリーは「社会人男性」と「主婦」であった。次いで，「子ども」，「高齢者」，「若者女性」，「社会人女性」，「若者男性」の順であった。この結果から，政党CMで描かれ

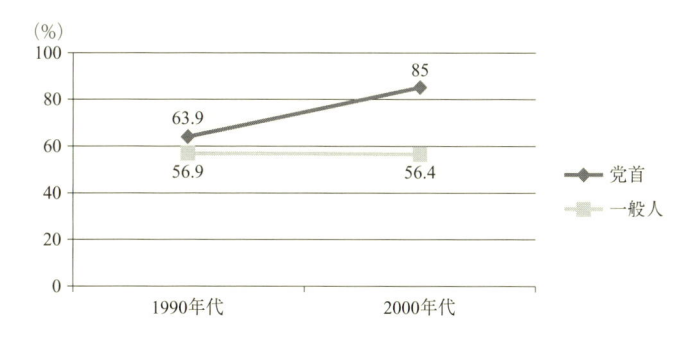

図2-14　政党CMにおける党首と一般人の登場

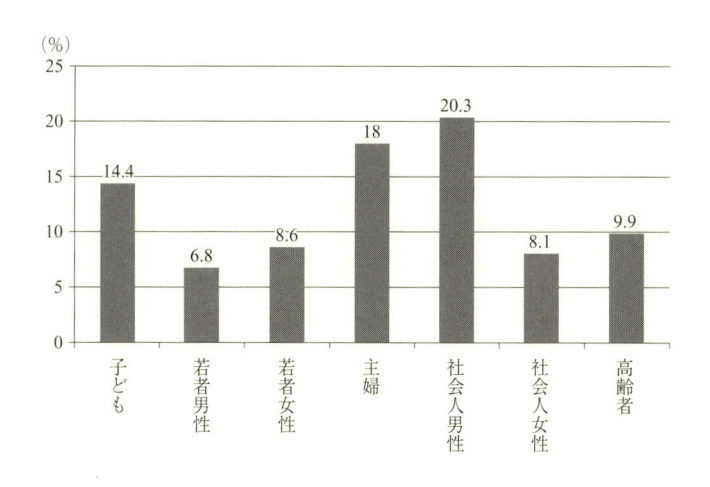

図2-15　政党CMにおける一般人描写

る「国民」は，有権者の多くを占めている人たちが中心で，主婦と男性社会人というステレオタイプ的な描写となっていることが分かった。

　登場人物の特徴を政党別にみると（図2-16），党首と一般人の登場において自民党と非自民党の違いは見られなかった。しかし，党首名の言及においては興味深い違いが見られた。すなわち，自民党のCMで党首名がより多く言及される傾向があったのである。具体的には，「橋本ビジョン」や「橋龍」，「こんにちは，小泉です」，「小泉はやります」など，自民党が非自民党より，党首名をナレーターや本人が言う場合が多く，総理としての知名度や

第2章　政党広告の内容的特徴　59

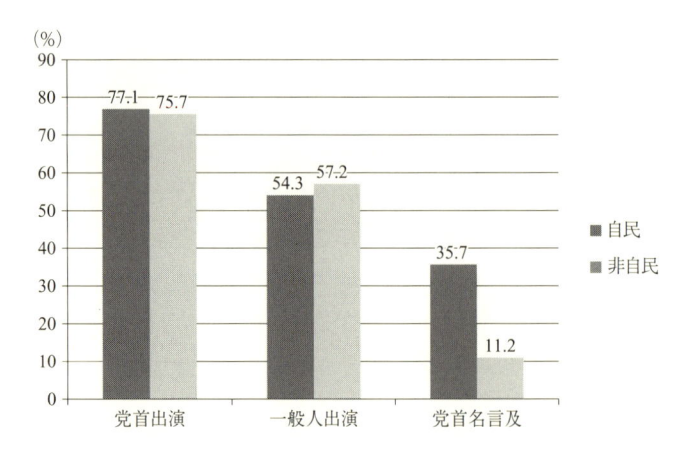

図2-16 政党別にみた政党CMの出演者と党首名の言及

(党首出演: 自民77.1%、非自民75.7%／一般人出演: 自民54.3%、非自民57.2%／党首名言及: 自民35.7%、非自民11.2%)

メディア露出度を背景に,党首を前面に出す戦略が用いられていた。

政党CMの類型と政党との関連性

次にこれまで述べてきた政党CMの特徴を,全体的に把握するため,クラスター分析により政党CMを類型化し,政党との関連性を検討してみた。具体的には,

1)「党首出演」
2)争点広告,イメージ広告,ネガティブ表現,愛国心アピールのような「アピール内容と技法」
3)経済関連(雇用,税金,経済・財政),福祉関連(年金,教育・子育て,医療),憲法,改革・未来志向関連,安心・ゆとり関連の「言語情報」

を投入し,大規模ファイルのクラスター分析を行った(表2-1)。

その結果,党首出演,アピール内容と技法,言語情報の特徴から3つのクラスター(以下,CL)に分けられ,各クラスターは,それぞれ「福祉中心争点広告」(CL1),「改革・未来志向アピールイメージ広告」(CL2),「経済中心争点広告」(CL3)と判断された。まず第1クラスターは,争点をアピールしている広告の割合が2番目に多く,福祉関連が強調されているのが特徴的であった。ネガティブ表現が含まれている広告の割合も2番目に多い。第2クラスターは,ほとんどの広告に党首が出演しており,イメージをア

ピールしている広告,改革・未来志向的表現が多く,とりわけ愛国心アピールが多い。一方,争点をアピールしている広告,ネガティブ表現が含まれている広告は最も少なかった。第3クラスターは,党首出演の割合が2番目に多く,争点をアピールしている広告の割合が最も多く,経済関連の言語情報が圧倒的に多くなっている。また,ネガティブ表現が含まれている広告が多いのも特徴である。

それでは,政党別にどのようなタイプの政党広告が展開されてきただろうか。政党別にみた広告タイプを図2-17に示す。

自民党は「改革・未来志向アピールイメージ広告」,非自民党は「経済中心争点広告」が多く,政党の立場や特徴による政党広告の訴求戦略の違いが顕著に現れた結果となった。すなわち,政党CMにおいては,自民党は,党首が登場し,改革を訴え,日本の未来を語るイメージ広告を,自民党に対抗する政党は,税金や景気,雇用などの経済問題に焦点を当てた争点広告を展開してきたと言える。「福祉中心争点広告」はどちらの政党も3割前後であった。

表2-1 党首出演,アピール内容と技法,言語情報による政党CMクラスター分析

	CL1 福祉中心 争点広告 (n=67)	CL2 改革・未来志向 アピール イメージ広告 (n=70)	CL3 経済中心 争点広告 (n=85)
党首 　出演	34 (50.7%)	62 (88.6%)	73 (85.9%)
アピール内容と技法			
争点	38 (56.7%)	5 (7.1%)	71 (83.5%)
イメージ	2 (3.0%)	45 (64.3%)	54 (63.5%)
明示的・暗示的 　ネガティブ表現	16 (23.9%)	6 (8.6%)	26 (30.6%)
愛国心	7 (10.4%)	29 (41.4%)	5 (5.9%)
言語情報			
経済関連	1 (1.5%)	1 (1.4%)	70 (82.4%)
福祉関連	41 (61.2%)	6 (8.6%)	19 (22.4%)
憲法関連	9 (13.4%)	0 (0.0%)	8 (9.4%)
改革・未来志向関連	28 (41.8%)	40 (57.1%)	47 (55.3%)
安心・ゆとり関連	4 (6.0%)	12 (17.1%)	6 (7.1%)

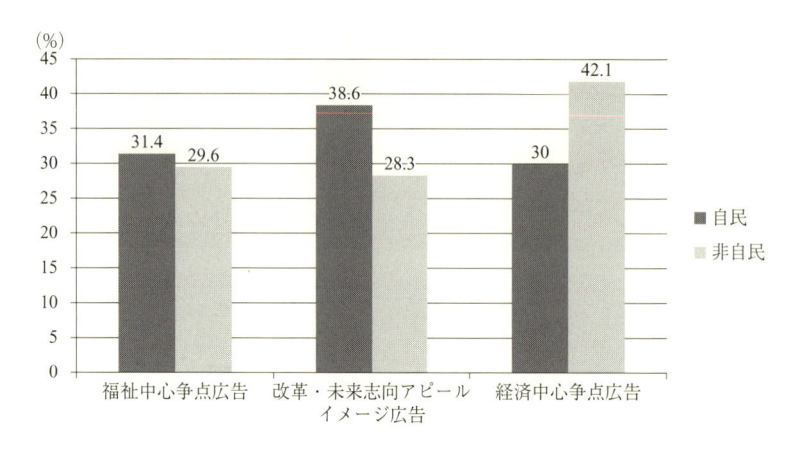

図2-17　政党別にみた広告タイプ

政党CMの選挙別分析

今まで政党CMにおける争点とイメージ，アピール技法，攻撃性などに関する量的分析の結果を述べてきた。ここでは，各年代の主要選挙における政党CMの戦略と内容的特徴を検討したい。

前述したように，選挙期間中に公費で出稿できる新聞政党広告とは異なり，政党CMは日常的政治活動の一環として出稿されている。しかし，その出稿は選挙期間中，または選挙前に次回選挙を念頭に置いて制作，放送されることが多く，実質的には日常の「政治的意見広告」というより，「選挙広告」としての側面が強いといえる。

これまでの主要政党CMについて，1980年代以前の政党CM事例については関連する文献より，1980年代以降の政党CM事例は実際のCMより検討していく。

第1章で述べたように，初期の政党CMとして注目に値するのは，1960年衆議院議員選挙向けに放送された自民党CMである。当時の池田勇人総理が，執権与党としての自民党の経済的専門性と優位性を「経済のことは池田にお任せください」というキャッチフレーズでアピールした。「私はウソを申しません」という池田氏のフレーズは，全国的な反響を呼んだ（高瀬，2005）。日本の政治場面において政党CMは，早い時期から政治報道とともにテレビ政治の色彩を強めていく。

有名人が大挙当選し話題となった1968年参議院議員選挙では，自民党が「日本をよくする自民党」というCMを展開した。それとは対照的に，公明党は船を掃除するシーンをアニメで制作したCMで「結論を出してください」とアピールした（毎日映画社ほか，2001）。翌年の衆議院議員選挙ではアメリカ大統領選挙の影響を受け，政党CMによるイメージ戦略はさらに拡大する。

　1968年の参議院議員選挙で惨敗した日本社会党の場合は，ポスターや政党CMなどで大々的な選挙キャンペーンを行った。ポスターでは，農夫や終電に乗り込んだ乗客のイラストレーション，「明日も今日のようであってよいのか」というスローガンが使われた（大前，1977）。2種類の政党CMが制作され，「涙」編ではクローズアップされた若い女性の涙目にキノコ雲が映る映像が使用された（河村，2001）。前述した1964年アメリカ大統領選でのジョンソン陣営の「デイジー少女」（Daisy Girls）を彷彿させるCMである。「デイジー少女」同様，視聴者の反応は非常に悪く，この選挙で日本社会党のイメージ戦略は大失敗に終わった。高度経済成長の真っただ中だった当時は，未来志向的なイメージ・キャンペーンが主流で，悲惨なイメージや警告を発するものに有権者は違和感を感じたのであった（大前，1977）。

　1980年代に特記すべき選挙として，マスコミで「マドンナブーム」と騒がれた1989年参議院議員選挙がある。この選挙では，土井たか子委員長率いる日本社会党が多数の女性候補者を擁立し，いわゆる「マドンナブーム」を巻き起こした。その背景には，70年代，80年代と続いた自民党の度重なる政治スキャンダルがある。選挙は，政治的経歴や経験の少ない女性政治家の清潔なイメージが有利に働き，有権者に大きくアピールした結果となった。女性政治家の政治的斬新性と国民の政治的変化への期待が，女性政治家が躍進する大きな原動力となったのである。

　日本社会党は土井氏を前面に出した「あなたの答えが，日本を変えます（作ります）。激サイティング社会党」というテレビCMシリーズを制作し，

- 政治がお金で動いています
- 消費税はやめるべきだと私たちは考えます
- 今働き盛りのあなたの5年分の年金がカットされようとしています

と，政治腐敗と消費税問題，年金問題をクローズアップさせ，「これにYES

ですか，NO ですか」と国民に問いかけた。日本共産党もテレビ CM で消費税廃止，金権政治の一掃など，「清潔，革新の日本共産党」をアピールした。一方，自民党は，

- しっかりしろ，自民党。分かりました，しっかりやります。がんばれ。必ずやります。
- やります，政治改革。

と，政治改革を訴えた。また，

- 今世界を見るといろいろなことが起こっています。私たちは自由と平和を守ります。
- 自由を守って34年。

という CM では豊かな日本の自然と富士山などの映像とともに，保守与党としての安心感をアピールしようとした。総選挙が行われた翌年も，日本共産党と日本社会党は CM で消費税問題をクローズアップさせたのに対し，自民党は CM で「自由と平和」，「みんなで責任を持つ政治」といったイメージを語った。

　1996年の衆院選では，公職選挙法改正後，当時の自治省の判断で日常政治活動としての政党 CM が容認され，無党派層の増加や自民党の流動化などの政治的，社会的状況も加わり，政党 CM の出稿がさらに増加した。1996年衆院選で自民党は「改革と創造」というスローガンで政治改革を呼びかけていた当時の橋本龍太郎首相が（Feldman, 2005），「JAPAN DREAM」，「Open. 新しい自民党」というキャッチフレーズで自身が前面に出る CM を放送した。「JAPAN DREAM」は，国民に希望と夢を与えようとした一種の感情アピールであり，政治広告に多く見られる愛国心に訴える表現としても捉えられる。「Open. 新しい自民党」は，「オープン」な自民党をアピールすることで改革イメージを与えようとした表現戦略であった。

　一方，新進党は，「消費税 5 ％ STOP」と自社連立政権の消費税政策を批判する戦略に徹した。前述したように，新進党は，新聞広告，政党 CM などで，住専問題処理と消費税引き上げ問題に対し，「国民搾り」と与党を攻撃し，消費税据え置きをアピールする広告を展開した。

　消費税問題をクローズアップさせた新進党のネガティブ・アピールの争点広告に対し，自民党は当時の橋本総理が夢と未来を語るポジティブ・アピー

ルのイメージ広告で一貫していたが，消費税問題をめぐるネガティブ広告を出稿し，選挙戦は正面対決という新たな局面を迎える。自民党は全国紙で，

- 7％増税を提案した細川さん，10％増税論の小沢さん，15％増税論の羽田さん。新進党は，本当は何％ですか。
- 政策をならべるだけなら，だれでもできます。問題は実現できるかどうか。

と新進党を痛烈に批判した。CMでも政治家の名前が省略された形で放送された。このネガティブ広告は，マスコミ各社で取り上げられ，広く認知されるようになる。まさにアメリカのネガティブキャンペーンとその報道の熱気を彷彿させる展開だったのである。

この衆院選選挙期間中の報道については，川上（1998）が興味深い結果を示している。選挙期間中に新聞とテレビで報道されたトピックを分類し，分析した結果，テレビでは14.3％が政治広告・政見放送を取り上げており，新聞では政治広告・政見放送を扱っている記事が7.1％で，かなりの紙面を割いて報道した記事も多かった。

大きな反響を呼んだネガティブ広告の効果についても関心が寄せられ，この広告を中心とした選挙キャンペーンに対する調査研究も報告されている。「選挙とデモクラシー研究会」は，選挙期間中印象に残った媒体に関する調査から，全体的にテレビCMが印象に残っている比率が非常に高く，新進党は多くのCMを投入した割には印象に残っている割合がそれほど高くなく，悪印象の比率が自民党より若干高くなっていたことから，自民党のネガティブ広告により，新進党CMに悪い印象を抱かせる結果となったと分析している（川上，1998）。

稲葉（2001）も，消費税に関する自民党のネガティブ広告への接触率が，7割ほどと高いことを確認している。その印象としては抵抗を感じたなどの否定的反応が5割程度で最も多かったが，印象に残ったなどの肯定的な反応も2割弱見られた。さらにこの広告の内容に対し肯定的な反応をした人において投票参加が多くなる傾向を明らかにした。ネガティブ広告への肯定的認知が，政治参加に影響していたという結果は興味深い。

当時の橋本総理を前面に出した自民党のイメージ広告は，1998年参議院議員選挙でも制作された。CMに登場する一般人が，自宅やお店で観ていたテ

レビ画面に登場した橋本氏を「橋龍」と親しみやすい愛称で呼ぶシーンを描くなど，首相を全面的にアピールする広告を展開した。

2001年参議院議員選挙では各政党によって多くのCMが展開され，選挙戦における政党イメージ戦略は益々強くなる。またこの選挙では，広告戦でも党首たちの激しい戦いが繰り広げられ，話題を呼んだ。

自民党は，当時の小泉純一郎総理が出演し「これは小泉だけの挑戦ではありません」と小泉氏の人気を反映し，党首イメージを前面に打ち出したCMを展開した。小泉ブームは，2003年衆院選の時も続き，再び「こんにちは，小泉です」，「小泉はやります」（2003年衆院選向け）と党首を前面に出したCMを展開した。

この時期の小泉ブームとその社会的，政治的意味について星・逢坂（2006）は，2001年から2005年までのワイドショーの分析から，最も注目されたトピックは，「戦争」や「戦い」・「危機」に関連することで，「小泉は……古い自民党と『戦う改革者』として表象され，……『消費』されていった」[15]と分析している。前述したように，小泉元総理の「聖域なき構造改革」，「改革なくして成長なし」などのサウンドバイトも，大きな反響を呼ぶ。「小泉です」，「小泉はやります」，「小泉だけの挑戦ではありません」など，自民党CMも「小泉CM」化していった。

2001年は，当時の小沢一郎党首が叩かれてもすぐ前進する意志の強さをアピールした自由党の広告（2001年参院選向け），同じく小沢党首が「旧体制」のロボットに立ち向かう広告（2001年参院選向け）も話題となった。公明党の神崎武法氏が出演した時代劇風のCMの「それはイカンザキ」というダジャレ（2001年参院選向け）も話題を呼んだ。

男性党首の場合は，党首としての役を演じる場合がほとんどであるが，女性党首・代表は，党首以外の役を演じるものも出稿された。日本社会党は，当時の土井たか子党首が駄菓子屋さんの店主に扮し，憲法9条を「変えさせない」と訴えた（2001年参院選向け。2000年放送）。保守党は，扇千景党首が医師に扮し「保守ピタル，ニッポンの政治を健康にします」と訴えた（2001年参院選向け）。

この時期を前後に，野党を中心にユニークでユーモラスな広告を展開することで有権者にインパクトを与えようとする戦略が見られた。こうした政治

広告では，政策問題や争点などが軽く扱われ，政治広告が健全な政治参加意識を活性化させる情報源として機能するより，政治的シニシズムなどネガティブな政治態度を助長するという結果につながりかねないのが問題である。第Ⅲ部「政治広告の受容」ではこの問題について検討することにしたい。

この章のまとめ

　第2章では，政治広告の争点提示とイメージ構策戦略，アピール技法，ネガティブ広告などを中心に，これまでの政治広告の内容分析研究をレビューし，国政選挙における新聞とテレビの政党広告に関する内容分析を行った。新聞の場合は，第4期「政治広告発展期」と第5期「政治広告変革期」，テレビの場合は，第5期「政治広告変革期」を中心とした時期の政党広告が分析対象となった。

　まず新聞政党広告の争点・表現の分析から，新聞政党広告では，「改革・未来志向」，「経済」，「福祉」が多く，各政党は改革をスローガンとして掲げ，未来や希望を語り，経済や福祉など身近な暮らしの問題をアピールしてきたことが分かった。新聞政党広告のネガティブ表現の分析からは，明示的ネガティブ広告は少なく，そのほとんどが非自民党によるものであることが示された。新聞政党広告の登場人物の分析からは，党首イメージが，政党のイメージ戦略の重要な要素となってきていることが明らかになった。

　政党CMの争点としては，「医療・福祉」関係が最も多く，次いで，「改革」，「経済・財政」，「税金」，「教育・子育て」，「雇用」，「憲法」の順であった。改革，財政問題や，医療・福祉など身近な生活や暮らしの問題を争点として取り上げた政党CMが多かったといえる。「税金」，「雇用」は，非自民党で強調され，「改革」は自民党の方で強調されていた。

　さらに，自民党は「改革・未来志向的イメージ広告」，非自民党は「経済中心争点広告」が多いことが示された。自民党の広告では，政治的に優位な政党としての安心感や信頼性を有権者にアピールする戦略が用いられてきたといえる。また，愛国心に訴える表現も非自民党より多かった。一方で，非自民党は，自民党より，現状批判などのネガティブ表現やユーモ

ア表現を用いる傾向が見られ，対照的であった。

　政党 CM のネガティブ表現の分析によれば，イメージ攻撃型のネガティブ表現はほとんどなく，野党側が国内の諸問題などの現状を批判する形で与党に否定的なイメージを与えようとする批判型のネガティブ表現がほとんどで，非自民党によるものが多かった。また，年代別新聞政党広告，選挙別政党 CM の分析から，各時期の政治的，社会的問題が政治広告に色濃く反映されており，自民党と非自民党の争点提示とイメージ構築戦略における顕著な違いが現れているのが示された。

第3章　選挙別政党広告戦略

　第3章では，2007年参議院議員選挙，2009年衆議院議員選挙，2010年参議院議員選挙における政党広告について検討を行うことにしたい。近年の政治的，社会的変革期における政治広告の特徴と各政党の戦略を検討することが本章の主な目的である。

1. 2007年参議院議員選挙広告[1]

2007年参院選広告にみる争点

　年金記録問題が最大争点となり，民主党が圧勝した2007年参議院議員選挙広告ではどのような「争点」が提示されていたのか。次のような手順で2007年参院選の新聞政党広告を収集し，分析を試みた。2007年7月12日（公示日）から7月28日（投票日前日）までの17日間「朝日新聞縮刷版」に掲載された政党広告のうち，重複するものを除外し，21件を収集した。政党別広告件数，主要キャッチコピー・スローガンは，表3-1のとおりである。

　与党の自民党と公明党は，「改革実行力　成長を実感に！」，「改革を貫き，美しい国へ。」（自民党），「未来に責任を持つ政治。」（公明党）とそれぞれアピールした。与党に対抗する民主党は，「国民の生活が第一。」，日本共産党は「いまこそ必要，たしかな野党。」，社民党は「9条と年金があぶない！」，国民新党は「日本を変えよう！　正々堂々，抵抗勢力」，新党日本は「信じられる日本へ。」とアピールした。

　テレビ政党CM（以下政党CM）は，参院選向け広告の出稿が始まった2006年から2007年参院選投票日前日まで関東民放5局で放送されたものを参院選向けCMとして扱った[2]。2006年の政党CMは5件でそのうち1件が自民党，4件が民主党の広告であった。民主党のCMは参院選挙期間中にホームページでも公開されていたもので，参院選向けの広告と判断した。自民党のCMは当時の小泉前首相が出演するもので，除外した。2007年1月から参院

表3-1 2007年参院選の新聞政党広告における
主要キャッチコピー・スローガン

	件数	主要キャッチコピー・スローガン
自民党	3	改革実行力　成長を実感に！ 改革を貫き，美しい国へ。
民主党	8	国民の生活が第一。 「国民の生活が第一」を実現する。
公明党	1	未来に責任を持つ政治。
日本共産党	2	いまこそ必要，たしかな野党。
社民党	2	9条と年金があぶない！ 今回は社民党へ。
国民新党	2	日本を変えよう！ 正々堂々，抵抗勢力
新党日本	1	信じられる日本へ。
共生新党	1	共生新党はこの国の生活を守り抜く
女性党	1	－
計	21	

注）新聞政党広告：2007年参院選選挙期間中に「朝日新聞縮刷版」に掲載された政党広告（重複なし。ただし，ビジュアルが同じで一部のコピーに違いがあるものを含む。）
主要キャッチコピー・スローガンは，2007年参院選選挙期間中に「朝日新聞縮刷版」に掲載された政党広告より作成（女性党は，出稿が少なく，主要キャッチコピー・スローガンの判断が難しかったため，省略した）。

選投票日前日までの政党CMは29件であった。CMには同じ映像と展開でコピーに若干の違いがあるものも含まれているが，言語情報の違いを考慮するためこれら33件すべてを検討した（2006年：4件，2007年：29件）。

言語情報の分析のため，東大法・蒲島郁夫ゼミ（2002），カイドとディミトロバ（Kaid & Dimitrova, 2005），実際の広告を検討した結果に基づき，項目を設定した。分析項目は，

・改革・未来志向（未来，変，新，夢，希望，改革・変革・革新）

・福祉・社会問題（福祉，老後，年金，教育，子育て・子ども，女性，医療，人権，環境，格差）

・経済（景気，経済・財政，雇用，税金）

・憲法

・安心・ゆとり（安心・安全・安定・やさしい，ゆとり・充実・ゆたか）

である。政党CMの言語情報は，画面コピーとナレーション両方を対象とした。

まず新聞政党広告においては，全体的に改革・未来志向的表現と福祉・社会問題に関する表現が多く，「変」，「改革・変革・革新」がそれぞれ33.3％を占めていた。「安心・安全・安定・やさしい」などの表現も多く，61.9％に上っていた。福祉・社会問題の中では2007年参院選の最大争点であった「年金」問題が最も多く，選挙期間中に出稿された新聞政党広告の81.0％を占めていた。次いで「子育て・子ども」が多く（47.6％），近年頻繁に取り上げられている「格差」問題も42.9％を占めていた。「医療」問題は3割を超えており（33.3％），憲法問題を取り上げた新聞政党広告は23.8％であった。

　次に政党CMの場合も，改革・未来志向的表現と福祉・社会問題に関する表現が多く，「新」，「改革・変革・革新」がそれぞれ20.5％であった。新聞政党広告と同様，「格差」，「医療」，「憲法」問題が多く取り上げられていた（「格差」，「医療」両方とも12.8％，「憲法」10.3％）。2007年参院選広告では，従来の政治広告の「未来志向」的な表現や「憲法」問題とともに，「年金」，「医療」，「格差」問題が重要な争点として論じられていたといえる。

　2007年参院選の最大争点であった「年金問題」は，当然ながらほとんどの政党が取り上げており，民主党は，年金問題に関する具体案を繰り返し提示するなど，詳細に取り上げていた。自民党の新聞広告は，年金問題の解決方法や制度改革などの争点を論理的手法でアピールする傾向が見られた。「憲法」をめぐる議論は，新聞政党広告の場合，社民党と日本共産党がそれぞれ2件で，政党CMの場合は，自民党，日本共産党がそれぞれ2件であった。政党CMは自民党の「新憲法制定の推進」と日本共産党の「憲法9条改定への反対」というこれまでの各政党の立場を打ち出したものであった。社民党は，「9条と年金があぶない！」などのキャッチフレーズで，憲法と年金問題を前面に出していた。

　しかし，21件のうち，9割以上が争点広告と判断された一方で，具体案が示されている広告は，その半数程度に過ぎなかった。カイドとホルツーバッハ（Kaid & Holtz-Bacha, 2006）も指摘しているように，争点広告の場合も，単なる争点の言及，スローガンにとどまるケースが多かったのである。

2007年参院選広告にみる与野党の表現戦略

　まず出稿量からみると，民主党が自民党より積極的に広告を展開したこと

が分かる。CM総合研究所の2007年7月度の調査によれば，民主党が投入金額4億円台，放送回数543回で，投入金額2億円台，放送回数353回の自民党を上回り，CM好感度順位も民主党が自民党より上位に入っていた（読売新聞，2007年8月8日）。

内容的に与野党の違いが最も顕著に現われたのは「ネガティブ表現」で，新聞とテレビ両方ともすべて野党によるものであった。政党別にみると，政党CMにおいては，自民党は，

・暮らしに届く，改革
・成長を実感に！
・改革実行力
・成長か逆行か

などのコピーとポジティブな映像で自民党の信頼性や実行力をアピールしようとしていたのに対し，民主党は，

・生活維新
・格差訂正
・生活が第一

などのキャッチフレーズと，国民の生活場面や，国民が直接不満や要望などを語るという設定の映像で現状批判を行っていた。新聞広告においては，「安倍自公政権による改憲の暴走に立ち向かいます」（日本共産党，2007年参院選）など，与党や当時の安倍晋三首相について直接言及し，批判・攻撃する明示的ネガティブ表現が見られた。

党首の登場は新聞政党広告と政党CMともに多かった（新聞政党広告：81%，政党CM：97.4%）。党首と関連するビジュアル戦略においては政党による違いが見られた。新聞政党広告においては，自民党，公明党，社民党，国民新党，新党日本，共生新党，女性党が，広告用に撮影されたような印象を与える党首・代表の写真を使っており，視線が読者（有権者）に向けられているものが多かった。民主党は当時の小沢一郎代表の写真が使われた広告のうち，1件を除いてすべてマイクを持って街頭演説をしているところを連想させる写真を使っており，日本共産党も民主党と同様の写真を使っていた。小沢代表の写真は使われていなかったが，国民宛の書簡形式で訴える広告（朝日新聞，2007年7月28日）も党首を前面に出す表現であった。社民党の政

党 CM の場合，福島瑞穂党首の顔以外の部分がアニメ化されているなど，ソフトな表現が用いられていた。

次に，政党 CM において最も多かった党首出演広告は，国民の日常生活場面や，国民からの問題提起と批判，要望などを街頭インタビューやスタジオ出演の形式で伝え，党首がカメラに向かって政見や公約を簡潔なキャッチフレーズで語るというスタイルであった。国民新党の代表代行が歌う広告，当時の民主党小沢代表と犬が登場する広告，社民党のアニメスタイルの広告など，異色の広告もあったが，全体的には年金問題の影響を受け，第 2 章で言及した，近年選挙で話題になったような「型破りな政党広告」は少なく，「真面目で正統派の政党広告」が多くを占めていた。

2007年参院選広告の報道

政治広告の影響を考える際に，そのニュースとしての価値にも注目する必要がある（Maeshima, 2005）。第 2 章で検討した社民党の広告例や1996年衆院選報道を分析した川上（1998）でも示されているように，日本でも近年選挙に関する報道において，政治広告が取り上げられる場合が多くなっており，「政治ニュース」から「政治広告」に接している有権者も多い。アメリカにおいても政治広告に関する報道が増加傾向にあり，政党によって注目される広告タイプに違いも見られる（West, 1997）。こうした政党別報道傾向の違いが有権者に影響を与える可能性も高い。ここでは，2007年参院選の政党 CM に関する新聞報道を対象に政党別報道傾向を分析し，上述した政党別広告戦略の分析結果と併せて考察する。

政党 CM に関する新聞記事の収集のため，朝日新聞データベース「聞蔵」より，2007年 1 月 1 日から 7 月29日（参院選投票日）までの期間中，「参院選」と「CM」，「参院選」と「広告」を含む記事を検索した。その結果，27件が抽出された。記事内容から，参議院議員選挙向け政党 CM について報道していると判断された11件の記事を分析対象とした。分析対象には，政党 CM が主要テーマである記事と，政党 CM に関する内容が一部含まれている記事両方が見られた。

まず記事件数は，自民党と民主党の CM について報道している記事が 5 件で最も多く，国民新党と公明党がそれぞれ 2 件，日本共産党と社民党がそ

れぞれ1件であった。分析対象となった11件の記事のうち，政党CMが記事の主要テーマになっているものが5件，各政党の公約や選挙戦報道が中心になっている記事中に政党CMについて一部言及しているものが6件あった。また，個別政党の広告に関する記事が10件で，各政党の広告を比較している記事が1件あった。

　政党別報道傾向を見ると，まず自民党の場合は，年金問題の影響で7月を前後に広告内容が変わってきたこと（朝日新聞，2007年7月28日），「年金をすべて保証する」という内容の政党CMが，民放局の指摘によって変更になったこと（朝日新聞，2007年7月1日，7月7日），自民党の広告やスローガンに対する有権者の厳しい反応（朝日新聞，2007年7月13日）など，年金問題が自民党の広告展開と報道両方において大きく影響していた。

　民主党の場合は，参院選向けに2006年12月末に放送された，強風に飛ばされる当時の小沢代表を菅直人代表代行と鳩山幹事長が支える内容の広告が不評であったこと（朝日新聞，2007年1月16日，5月23日），続いて制作された生活格差をテーマにした広告（朝日新聞，2007年3月20日，5月23日），「生活が第一」をコンセプトに展開された広告（朝日新聞，2007年6月6日），選挙直前の「変えていくチカラ」編の放送（朝日新聞，2007年7月28日）など，参院選向け広告の展開が詳細に報道されていた。

　公明党の場合は，以前話題になった当時の神崎代表の「それはイカンザキ」という広告と対比させながら，今回は真面目な広告を展開したと評価されていた（朝日新聞，2007年7月13日，7月28日）。国民新党の場合は，当時の綿貫民輔代表が指揮をし，当時の亀井静香代表代行が歌う広告（朝日新聞，2007年6月2日），同代表が若者へメッセージを伝える広告（朝日新聞，7月28日）が紹介されていた。日本共産党，社民党，新党日本の場合も，党首・代表が出演する広告の主なキャッチコピーを中心に紹介している（朝日新聞，7月28日）。

　総じて，政党CMに関する新聞報道は，主要政党を中心とした報道となっており，広告で提示されている「主張」や「争点」より「面白さ」や「ユニークさ」に注目する報道が目立った。選挙の際，政党広告に関する報道も恒例となりつつあるが，政党広告の報道において，広告で呼びかけている政党の「主張」や「争点」に焦点を当てる報道ももっと必要ではないだろうか。

2. 2009年衆議院議員選挙広告[3]

自民党のネガティブ広告戦略

2009年8月30日に実施された衆議院議員選挙で民主党による政権交代が行われた。またこの衆院選は，選挙戦や政治広告においても重要な意味を持つ選挙となった。ここでは，2009年衆院選の政治広告について，自民党がインターネットで展開したネガティブキャンペーンに注目し，検討することにしたい。

まず，2009年衆院選の新聞政党広告の主なキャッチフレーズとスローガンについて触れたい[4]。与党の自民党と公明党は，「日本を守る，責任力。」（自民党），「生活を守り抜く。」（公明党）のように，日本と生活を「守る」とアピールした。自民党は，「景気・雇用」，「子育て・教育」，「老後の安心」，「日本の安全」をテーマとする「日本を考える夏」というシリーズ広告を展開した。民主党は，「あなたの手で，政権交代。」，「国民の生活が第一。」というスローガンで対抗した。「あなたが歴史をつくる……新しい政治はあなたに直接届く……あなたの手で政権交代」など，民主党は政権交代を意識した広告を展開し，「政権政策の実行手順（民主党マニフェスト工程表）」などマニフェストを積極的にアピールした。

日本共産党は，「新しい日本は『国民が主人公』」とし，「自公政権に審判を　新しい政権ができたら『建設的野党』として行動します」と民主党による政権交代後の日本共産党の政策をアピールした。一方，幸福実現党は，「いつのまにか2つの政党によって，議論の焦点が『政権交代』へすり替えられています。」と自民党と民主党を批判し，「新しい選択。」を呼びかけた。同様に社民党は「生活再建」，日本新党は「日本の『改国』，始まる。」とアピールするなど，新しい日本，日本再建などをうたった政党が多かった。

テレビCMの場合，CM総合研究所の調査によると，自民党が7種類のCMを611回（2005年衆院選の約1.6倍），民主党が5種類のCMを946回（2005年衆院選の2倍以上）放送している（読売新聞，2009年9月29日）。

既存の研究や本書の内容分析でも示されたように，与党より野党の方がネガティブ広告を多用するのが今までの傾向であった。しかし，自民党はこの

選挙でインターネットを中心にネガティブ広告を展開した。内容分析より明らかになったような，これまで優位な保守政党として，選挙戦においてもこれまでの実績や信頼性，未来志向的イメージを強調してきた自民党の訴求戦略に変化をもたらす政治状況が展開されたのである。

　また自民党のネガティブ広告が，新聞やテレビのような既存のマス・メディアではなく，インターネットを中心に展開されたことも大きな特徴である。「選挙運動」と「政治活動」が明確に区分される公職選挙法では，インターネットによる「選挙運動」は禁止されていたが，選挙運動にわたらない純粋な政治活動の一環としてインターネットを利用することは自由であると判断されている（東京都選挙管理委員会 b）5）。これを名目に政党ホームページなどで政党CMや政党関連映像，マニフェストなどを積極的に公開するなど，「政治活動の一環」として公示後もインターネット上で様々な選挙戦が繰り広げられているのが現状である。

　2009年8月現在自民党の動画チャンネルを開設しているサイトは，YouTube，ザ・選挙，Yahoo!，ニコニコ動画（開設順）の4つである。YouTubeに開設している「自民党チャンネル」で選挙期間中に公開したネットCMは，「論より実行」（7月14日），「政策で選ぶ」（7月14日），「プロポーズ」（7月17日），「回復を，止めない」（7月21日），「ブレる男たち」（8月21日），「ラーメン」（8月21日）の計6種類である（公開順）。

　「論より実行」，「政策で選ぶ」，「プロポーズ」，「回復を，止めない」編は解散前後に，「ブレる男たち」，「ラーメン」編は選挙直前に公開されたものである。「論より実行」，「政策で選ぶ」，「回復を，止めない」編は，大きな画面コピーとナレーションのみのCMで，一方「プロポーズ」，「ブレる男たち」，「ラーメン」編はアニメスタイルのCMになっている。「ラーメン」編は「プロポーズ」の続編という設定になっている。ここで注目したいのは，その「攻撃性」が，投票日が近付くにつれ，増していった点である。

　7月の解散に前後して公開された画面コピーとナレーションのみで構成されたCM3編においては，

・交代をして何をしたいのでしょうか（「論より実行」編）

・政権交代。この言葉は誰のためでしょう（「政策で選ぶ」編）

・政権交代。本当にこんなことして「政権後退。」こんなことになってし

まって「景気後退。」こんなことになってしまったらどうしますか（「回復を，止めない」編）

など，画面コピーとナレーションを通して「政権交代」を掲げる民主党を攻撃していた。しかし，これらはこれまでも展開されたような「典型的」ネガティブ広告で，3編のアニメスタイルの「風変わり」CMでさらに攻撃性を増していく。

「プロポーズ」編では，

・出産や子育ての費用も教育費も，老後の生活費も介護の費用も……OKさ！　高速道路も乗り放題だよ！（男性）……お金は大丈夫？（女性）細かいことは結婚してから考えるよ！（男性）

と女性を口説く鳩山氏似の男性を通して，民主党の政策を「根拠のない自信」と攻撃している。そして公示後の8月21日に公開された「ラーメン」編は，「プロポーズ」編の男性がラーメン屋で「マニフェスト麺」を，「油が足りない」と言われ，「給油しますよ」，「ちょっと！　給油はやめるんじゃなかったの？」と言われ，「給油やめます」，「2万6千円分のふりかけをばら撒くよ」と，お客の注文や要望に合わせて次から次へと変えていく内容である。

民主党の主要4役をアニメ化した「ブレる男たち」も，テロ対策での給油，アメリカとの貿易自由化，地方分権などについて批判されると，「とも言えない」とすぐ態度を変えてしまう「ブレフォーに日本の明日を任せられますか？」という内容となっており，これらもまた痛烈な民主党攻撃となっている。アニメスタイルのCMの再生回数は，画面コピーとナレーションのみの典型的ともいえるネガティブ広告よりはるかに多く，特に公示後に公開された「ラーメン」，「ブレる男たち」は，YouTubeサイト上で確認したところ，投票日まで合計50万回以上視聴されていた。

一方，テレビでは「安心」，「景気」，「国防」，「守る」，「成長」などをテーマにした「日本に宣言」シリーズを制作し，「日本を守る，責任力」，「確かな政策がある。確かな根拠がある」など，すべてポジティブな内容のCMを展開し，対照的であった。当時の麻生太郎総理が出演し，その一部は麻生総理が有権者に語りかけるスタイルで展開された。自民党のネットCMとテレビCMにおける表現戦略の違いは，各媒体のユーザー層，ネガティブ

広告に対する放送局の統制などの要因が働いていたためであろう。各政党は「選挙活動ではなく日常の政治活動の一環」という名目でネットCMやマニフェストなどをホームページで公開，更新し続けた（朝日新聞，2009年9月1日）。

　学校のガラスを割ったのは「秘書」と言い訳する少年を描き，「不正議員は政界退場を!!」と主張した公明党のネットCM「永田町学院小学校」編も，民主党の問題を攻撃したネガティブ表現となっている。公明党は，「永田町学院小学校」編以外にも，「街頭インタビュー」，「動くポスター」などの動画シリーズを公開した。

　民主党は，これまでも法案を提出するなど，インターネットでの選挙活動の解禁に積極的で（朝日新聞，2009年9月1日），インターネット選挙に関して，候補者を擁立した政党と候補者本人に限って選挙期間中のホームページとブログの更新を認めることで与野党が合意するなど，進展が見られたが（読売新聞，2010年5月12日），最終的には2010年参議院議員選挙でも解禁が見送られた。

　2009年8月30日，投票日当日の全国紙の朝刊には，選挙結果を予告するかのように，民主党は当時の鳩山代表を前面に出した「本日，政権交代。」というキャッチフレーズで，「あなたの力で，世の中を変えた時の達成感を。」と最後まで訴えていた。それに対し，自民党は当時支持率が急激に落ちていた麻生総裁の代わりに，日の丸を背景とした「日本を壊すな。」というキャッチフレーズの全面広告で，「現実を見据えた政策が，あなたの安心を支え続ける覚悟が，この国を守りぬく決意が，私たち自民党にはあります。」と訴えた。

3．2010年参議院議員選挙広告[6]

政権交代後の各政党の選挙キャンペーン

　2010年参議院議員選挙は，6月24日に公示され，7月11日に投票が行われた。2009年衆議院議員選挙で政権交代を果たした民主党政権の中間評価となった2010年参議院議員選挙の主要争点は，「消費税増税問題」，「普天間基地移設問題」，「財政再建」，「外国人参政権問題」である。この選挙では，自

図3-1　2010年参院選の民主党マニフェスト表紙

図3-2　2010年参院選のみんなの党ポスター

民党から分裂した「たちあがれ日本」,「新党改革」が新たに選挙戦に加わった。

　選挙ポスター，新聞，政党CM，政党ホームページで，与党の民主党は「元気な日本を復活させる。」(図3-1)，国民新党は「本格保守」といった広告を展開した。野党側は，

・いちばん。(自民党)
・新しい福祉へ。声の届く政治。クリーンな政治。(公明党)
・"アメリカ・財界いいなりから"「国民が主人公」の政治への転換を(日本共産党)
・「生活再建まっしぐら」いのち，平和を大切にする(社民党)
・アジェンダ「脱官僚」「地域主権」「生活重視」(みんなの党)(図3-2)
・世界の中の日本改革(新党改革)
・日本復活！　強い経済　強い財政　強い教育　強いふるさと(たちあがれ日本)

など，福祉，改革，財政，教育，地域などの問題を取り上げた広告を展開し

第3章　選挙別政党広告戦略　79

た。

　選挙運動と関連して注目を集めた選挙運動のインターネット解禁は2010年参議院議員選挙でも見送られたが，インターネット上では様々な動きが見られた。多くの政党がネットCMを制作し，候補者自身が政治理念などを個人ホームページ上の動画でアピールする場合も増えてきた（朝日新聞，2010年7月6日）。

　メディアによる大々的な選挙キャンペーンは政党が中心で，形式や回数などで制約の多い新聞候補者広告や経歴放送など，選挙キャンペーンでのメディア利用が限定され，街頭演説のような直接コミュニケーションが中心になってきた候補者にとって，選挙キャンペーンでのインターネット利用は，自身の政治理念と政策をアピールできる媒体の拡大という意味をもつ。それと同時に，有権者に対する政治情報提供の多様化という点からも評価できる。しかし，選挙期間中の更新は認められなかったため，インターネットでの新たなアピールの更新は，公示日前日までとなった。

　2010年参議院議員選挙でも各政党はネットCMなどの動画で若い世代と無党派層の支持を呼びかけた（朝日新聞，2010年7月21日）。民主党は，「民力結集」編，「元気な日本」編などのテレビCMを制作した。「民力結集」編は，「日本は普通の人が頑張れる国だ　元気な日本を取り戻すために」というナレーションと，菅総理のこれまでの映像や，各地での視察模様，普通の人が頑張っている映像から構成されている。国民の暮らしの大変さをナレーションと映像で表現していた野党時代のCMとはかなり異なる展開である。「元気な日本」編では，菅総理が白い布を洗う場面とともに「ゴシゴシ，洗う。日本を，洗う。元気な日本を復活させる。民力結集。」とアピールした。

　新聞では，有権者の質問に菅総理が答える「ハイ　菅直人がお答えします。」というシリーズを展開した。とりわけ消費税問題をめぐり，「やっぱり『消費税』って急に言われても…とまどいます。」という意見に対し，「唐突な印象を与えたとしたら，私の説明不足でした。率直にお詫びいたします。」と謝り，「消費税を含む税制の抜本改革を投げかけた理由」を説明し，「消費税率を上げるときは，必ず国民に信を問います。」と理解を求めた。また同シリーズの広告で，「子ども手当は『バラマキ』だって言われるけど，そうなんですか。」，「毎年，総理大臣がころころ変わって，サミットに行くとそ

のたびに名刺交換してるんですか。」などと，民主党に対する批判を敢えて取り上げ，有権者の質問に菅総理が回答する形で説明し，理解を求めている。「菅直人です。率直にお話しします。」という国民宛の書簡形式の新聞広告でも消費税問題に対する説明不足について「お詫び」している。

民主党は，新聞広告で「政権交代により動き出している改革。一緒に前へ進めましょう」，「私は国民と政権をつくる。」と政権交代の意義を訴えたが，菅総理の「消費税10％」発言は，

- 消費税増税，「政治とカネ」隠し，普天間基地，マニフェスト違反…今問われるのは民主党政権の迷走……次々と政治不信を招いたあげくの首相交代。そして「消費税増税は4年間必要ない」「ムダ削減で財源はできる」といってきた自らの言葉を完全否定する菅首相の消費税増税発言……税金穴埋めの消費税増税は反対！（公明党）
- 消費税増税なしで社会保障と暮らしの財源はつくれます……消費税増税ストップ（日本共産党）
- 消費税を上げる前にやるべきことがあるだろう（みんなの党）

など，野党にとって民主党攻撃の格好の素材となり，民主党惨敗の大きな原因となった。

一方，自民党の場合，CMに初めて総裁でない議員を起用した。総務省は，政党CM出演は「党首が望ましい」としており，日本民間放送連盟の基準でも党首など，「党派を代表しての出演は例外である」（読売新聞，2010年7月3日；朝日新聞，2010年7月21日）としている。テレビCMでは谷垣禎一総裁が出演する「いちばん。」というキャッチフレーズのCMを全国的に放送したが，インターネットでは谷垣総裁が出演するCMと小泉進次郎衆議院議員が出演するCMを展開した（朝日新聞，2010年7月21日）。総務省は「党首以外の出演に法的に問題はない」と回答したため，判断はテレビ各社に委ねられることとなった（読売新聞，2010年7月1日）。

小泉氏が出演するCMの一部は後半で谷垣総裁も出演していることから，一部の地方局で放送されたが，テレビ神奈川は，小泉氏が神奈川選出の国会議員という理由から，放送しなかった（読売新聞，2010年7月3日）。

谷垣総裁が出演する「いちばん！」編では，

- ものづくり，教育，長生き，元々，日本はいちばんの国。……日本がま

図3-3　2010年参院選の自民党ポスター

た世界で一番幸せな国になるために……日本の政党，自民党！
と，「いちばんの国　日本」という愛国心にアピールする表現も見られた。小泉衆議院議員が出演する「いちばん！」編でも，

　・豊かな「いちばん！」の国を創りましょう。……日本の政党，自民党！

と呼びかけた。

　丸川珠代参議院議員が出演した「いちばん！」編もインターネットで公開された。

　・働く女性に，子育てにもっと支援を　若い世代にもっとチャンスを　そしてすべての人に先が見える毎日を　あなたのがんばりが毎日へつながるように……　日本の政党，自民党！

と，女性有権者と若い世代にアピールする内容となっている[7]。CMは「いちばん。日本を守る責任。自民党」というロゴで占めくくられ，長期執権与党だった自民党の選挙での意気込みが感じられる（図3-3）。

　この選挙で躍進したみんなの党は，CMで「増税の前にやることがあるだろう」という渡辺喜美代表の呼びかけとともに，「官僚支配」，「中央執権」，

図3-4　2010年参院選の公明党CMより

「デフレ」などと書かれた壁に突進する映像で，「給与25%増　本気の覚悟」（「給与25%」編），「公務員10万人削減　本気の覚悟」（「公務員削減」編）とアピールした。党ホームページでは，渡辺代表が出演するこれらのCMを，ブログに張り付けて応援するよう呼びかけた（朝日新聞，2010年7月6日）。

公明党は，「新しい福祉」編，「声の届く政治」編，「クリーンな政治」編を制作した。「新しい福祉」編，「クリーンな政治」編は，山口那津男代表が公明党の姿勢をアピールし（図3-4），「声の届く政治」編は，松あきら副代表が公明党が取り組んだ子宮頸がん対策をアピールしたポジティブ広告となっている。

社民党が沖縄などで放送し，ネットでも公開したCMでは，若い女性の「政治家の人たちにお願いです……雇用など約束してほしい」という声に，福島代表の声で，「沖縄　消費税率　まっしぐらに生活再建」などとメモする映像とともに「約束したら守る　そんな当たり前のことをきちんとやる政党でありたい」とアピールした。

日本共産党はネットCM「文鳥ペア　子育て」編，「ハムスター」編で「安心して，子育てのできる日本を目指します」とアピールした。

国民新党は，ネットCMで野球ユニフォーム姿の亀井代表が「国民新党は直球勝負」と，「消費税増税　夫婦別姓　外国人参政権反対」をアピールした。

たちあがれ日本は，「我々に続け！」，「応援メッセージ」，「take off」，「私たちと一緒に」，「覚悟と責任」の5種類の「PRビデオ」をインターネットで公開した。保守政党としての特徴を反映し，全体的に愛国心に訴える内容

第3章　選挙別政党広告戦略　83

となっている。

　新党改革は，舛添要一代表が，民主党の「政治と金の問題」，「普天間問題」，「ばらまき政治」，唐突な「消費税問題」言及などを批判する動画をネット上に公開した。

　選挙運動のインターネット解禁は，一部の政党 CM で争点として取り上げられ，民主党を攻撃する素材としても使われた。「ネットユーザーの皆様へ」とする公明党の動画では，山口代表が，公明党が最も熱心に取り組んできたインターネット解禁が，選挙を急いだ「民主党の消極性によってできなくなった」と批判し，「ネットを活用した選挙」，有権者とのコミュニケーションに取り組んでいく公明党の姿勢をアピールした。

　2010年参議院議員選挙でも，政党と候補者の選挙運動でのインターネット利用は解禁されなかったが，有権者同士のネットでの選挙に関するコミュニケーションや，政党や候補者ホームページ，選挙関連動画への接触などが増加傾向を見せた。

この章のまとめ

　第 3 章では，近年の政治的，社会的変容期における政党の広告戦略について検討するため，2007年参議院議員選挙，2009年衆議院議員選挙，2010年参議院議員選挙を対象に選挙別政党広告について分析を行った。

　まず，年金問題が最大争点となり，民主党が大きく躍進した2007年参議院議員選挙における政党別広告戦略について，争点，与野党の表現戦略，参院選向け政党 CM の新聞報道を中心に検討した。年金問題の影響で全体的に近年出稿が相次いでいたユニークな政党広告は少なく，典型的な政党広告がほとんどを占めていた。また，執権与党としての安心感や実績を訴えるイメージ型広告を展開してきた自民党の政党広告でも，年金問題の影響を受け，年金問題への取り組みなどを論理的にアピールしようとする内容が目立った。一方で政党 CM では，「成長を実感に」などのコピーと，明るく元気な国民の生活場面を描いた映像で，依然として自民党の信頼性を強調していた。野党にとって年金問題が自民党攻撃の格好の素材となったのは言うまでもない。野党は，国民の不満の声を取り上げ，党首が短い

スローガンで主張する政党 CM を展開した。こうした政党 CM に関する報道は，新聞の選挙報道の一つとしても定着してきているが，2007年参院選広告の報道では，CM での主張より，CM のユニークな内容やメイキングストーリーなどに注目する傾向があった。こうした傾向はその後の選挙においても見られている。

　民主党が政権交代を果たした2009年衆議院議員選挙については，自民党がインターネット上で展開したネガティブ CM に注目し，検討を行った。自民党は，アニメスタイルの「ラーメン」，「プロポーズ」，「ブレる男たち」などの CM で，「政権交代」を訴える民主党を，辛辣に攻撃した。テレビでは，党首の主張とポジティブな映像などから構成された典型的な政党 CM を放送し，対照的であった。公明党も民主党の政治と金の問題を風刺したユニークな政党 CM をインターネットで展開した。選挙期間中の選挙広告ではないが，投票日当日の全国紙の朝刊で，民主党は「本日，政権交代」，自民党は「日本を壊すな。」と，最後までアピールした。

　政権交代後実施された2010年参議院議員選挙の広告については，インターネット上の政党 CM と動画などを中心に検討した。この選挙では，消費税問題，普天間基地移設問題，政治と金の問題などで，政権交代後わずか1年足らずで民主党は大きく議席を失う結果となった。野党の新聞政党広告では，民主党政権発足後の一連の問題を批判するネガティブ広告が目立った。前回の選挙でインターネットを中心にネガティブ広告を展開した自民党は，国民の愛国心に訴えた感情アピール型の広告「いちばんの国　日本」とともに勢いを取り戻した。この選挙では，選挙運動のインターネット解禁が注目を集めたが，最終的には見送られた。しかし，インターネット上では様々な選挙戦が繰り広げられ，実質上のインターネット選挙となった。

第4章　候補者広告の内容的特徴

　第4章では，選挙キャンペーンにおけるジェンダーの問題に焦点を当て，政界への女性の進出と女性政治家をめぐる現状と問題点，メディア報道および政治広告におけるジェンダー・フレームを検討する。

1．政治広告とジェンダー・フレーム

女性政治家とメディア

　女性の政界進出が増えてきているものの，依然として男性が中心となっている政治分野において，女性はどのような「争点」と「イメージ」で自身をアピールしているだろうか。有名政治家を除いて，女性候補者は一般に政治的経歴や地盤など，選挙に必要な資源に乏しいことが多く，こうした状況が選挙キャンペーン戦略にも影響していると考えられる。

　本章では，女性候補者が政治広告メッセージを通して有権者にどのようにアピールしているかという問題に注目した。これは，女性の政治参画を考える上でも大変重要な問題である。

　男性が中心となってきた政治分野では，政治家の持つ資質として男性的特徴が強調され，メディアの政治家報道もこうしたジェンダー・フレームからなされる傾向が示されている。

　たとえば，カン（Kahn, 1996）は，女性政治家は，教育，健康，環境，福祉問題など，男性政治家は，軍事，外交，経済などと関連する問題において注目され，力量を発揮すると報道される傾向があると指摘する。1998年から2002年のアメリカの上院と州知事選挙の新聞報道を分析した研究（Bystrom, Banwart, Kaid, & Robertson, 2004）からは，これまでの研究同様，特定争点とイメージにおいて男性政治家と女性政治家の報道に有意な違いが見られたことが示されている。また，1980年代と1990年代に比べると女性政治家に対する

報道量が増加し,ステレオタイプ的な報道も改善されてきているものの,女性は,男性より,家族との関係,妻や母親としての立場が注目される傾向があったことを確認している。

ノリス(Norris, 1997)は,女性政治家の報道に見られるフレームとして,
1)女性政治家の政治的斬新性を強調する「突破口フレーム」
2)女性政治家の政治的経験が少ないことを強調する「アウトサイダー・フレーム」
3)政治的変化への期待が強調される「チェンジ・エージェント・フレーム」

を提示している。

ヒョンとキム(Hyun & Kim, 2005)は,これらの分析枠組みに基づき,2004年の韓国総選挙の報道分析を行っている。その結果から,全体的に女性政治家報道が量的に増加しているが,報道内容としては依然として偏った描写が行われていたことが明らかにされている。具体的には,女性政治家の報道フレームとして

1)アウトサイダー・フレーム
2)個人的チャレンジ・フレーム
3)変化の旗手フレーム
4)葛藤の接点フレーム

を抽出した。

「アウトサイダー・フレーム」は,女性が,政治,社会分野で弱者であることを強調したもので,女性政治家は消極的で,身体的,精神的に弱い存在として,また政治的力量や資質がないと描写される傾向があった。「個人的チャレンジ・フレーム」は,女性は,政治分野で不利な存在であるにもかかわらず,一定の成果を上げていると評価している一方で,本人の個人的な成果として限定してしまうものであった。「変化の旗手フレーム」は,女性政治家が,より道徳的で,清潔な政治家であるという点を強調したものであったが,女性政治家の政治的能力というより,女性政治家の道徳的イメージから,政治改革に利用されていることが強調される報道フレームであった。最後に,「葛藤の接点フレーム」は,当時の特定の女性政治家による党内の葛藤に関する報道フレームである。

政治の分野では，伝統的に男性の持つ特徴や資質が重視され，メディア報道においても，女性はアウトサイダーとして表象され，政党の政治改革イメージを打ち出すため，女性の斬新なイメージが利用されていることが強調され，女性政治家が挙げている成果を女性政治家全体ではなく特定女性政治家の個人的能力に限定するなど，女性政治家全体にとっては依然として不利な報道フレームが用いられているのである。

女性候補者の広告戦略

　一方で，候補者自身が直接有権者に訴えることのできる政治広告において，女性候補者はどのようなフレームを用いてアピールしているだろうか。まずアメリカの研究例からこの問題を検討してみたい。1990年から2002年までの候補者のテレビCMを分析したビストロムらの研究（Bystrom, Banwart, Kaid, & Robertson, 2004）は，男性候補者と女性候補者の広告で強調される争点とイメージの違いについて次のような結果を明らかにしている。

　まず争点に関しては，女性候補者の広告においては，男性政治家の分野とされてきた「経済」問題が強調されており，さらに伝統的に女性政治家が強い分野とされてきた，「教育」「健康」「高齢者問題」「女性問題」「青少年暴力」なども強調されていた。それに対し，男性候補者の広告においては「犯罪」と関連する問題が強調されていた。次にイメージに関しては，女性候補者の広告においては，「力強いイメージ」や「攻撃性」など，男性性が強調される傾向が見られた。男性候補者の広告においては，成果，経験，知識などの「専門性」だけでなく，「思いやり」などの女性的なイメージも強調されていた。総じて，特定「争点」に関してはステレオタイプを用いる傾向があったのに対し，「イメージ」に関してはステレオタイプを排除する傾向があったのである。

　インターネットも，候補者が有権者に直接アピールできる媒体としてその意味が大きくなってきている。2000年から2002年までのアメリカの上院と州知事選挙における候補者ホームページの分析を行ったビストロムらの研究（Bystrom, Banwart, Kaid, & Robertson, 2004）では，全体的に男女候補者とも，「教育」「医療」「高齢者問題」「環境問題」など，伝統的に女性政治家の分野とされてきた問題が強調されていることを明らかにしている。すなわち，

候補者ホームページで取り上げられた争点においては候補者の男女差は見られなかった。一方で，イメージとしては伝統的に女性的とされてきた特徴より，伝統的に政治家に必要とされてきた男性的特徴が強調される傾向が見られ，対照的であった。男女候補者のネガティブ戦略については，2002年選挙時のホームページの分析から，男性候補者が攻撃的表現を用いる場合が多いことを確認している。

　ビストロムらは，候補者ホームページに掲載された写真から，候補者の非言語的自己描写についても分析を行っている。全体的に，女性候補者が男性候補者より，専門性の高い印象を与えるフォーマルな服装を好んでおり，ほほ笑む写真をより多く掲載していた。また写真には，女性候補者が，男性候補者より，男性や女性有権者を多く登場させており，高齢者も女性候補者の方でより多く登場させるなど，有権者との関係を強調していた。一方で，候補者自身の家族は，男性候補者の方で多く登場していた。家族関係が強調されるメディア報道に対し，女性候補者は自身の選挙キャンペーンで，母親や家庭での役割とイメージに結びつきやすい家族の登場を避ける戦略を取っていたのである。

日本における女性政治家の現状と選挙キャンペーン戦略

　政治家個人の選挙キャンペーン手段，有権者側からすると，政治家個人に関する情報源としては，有名政治家を中心とするメディアの「報道的情報」，選挙期間中の法定新聞候補者広告や選挙ポスター，インターネットのホームページなどの「広告的情報」がある。

　まず，日本における女性の政治参画と女性政治家の現状，女性政治家に対する報道の特徴と有権者の評価を検討してみよう。図4-1は，衆議院議員に占める女性議員の割合を示したものである。戦後実施された1946年の第22回衆院選では立候補者のうち女性候補者は2.9％を占め，全議席の8.4％に当たる39人の女性議員が誕生した。翌年は全立候補者のうち女性候補者は5.3％と増加したが，選挙の結果は，全議席の3.2％と前年度より少なかった（男女共同参画局b）。その後も1949年の第24回衆院選から1993年の第40回衆院選まで，女性議員比率は2％前後と低かった。

　しかし，その後の政治的，社会的環境の変化で，1996年第41回衆院選では

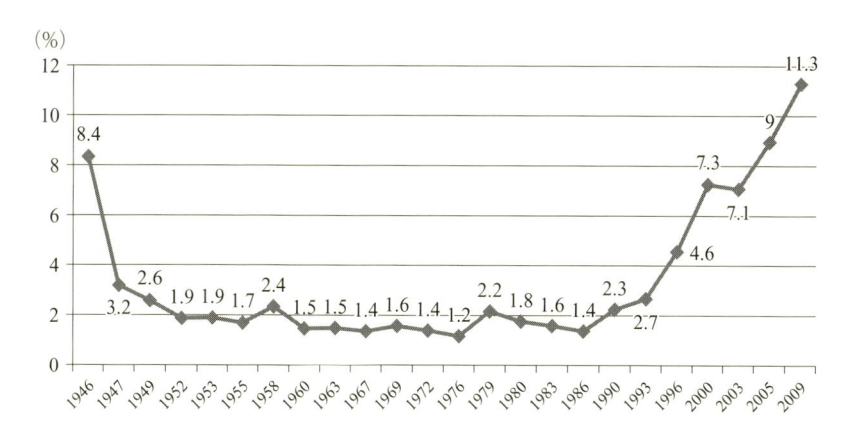

図4-1　衆議院議員に占める女性議員の割合の推移

注）男女共同参画局a「女性の政策・方針決定参画状況調べ」より作成

4.6％の女性議員が誕生し，2000年7.3％，2003年7.1％と増加した（大山・国広，2010；男女共同参画局b）。さらに2005年と2009年の衆院選では各政党が女性候補者を擁立した結果，多くの女性議員が誕生した。世界的にみると依然として低い数字ではあるが[1]，2005年衆院選では全議席の9％にあたる43名，さらに2009年衆院選では全議席の11.3％にあたる54名が当選を果たした（朝日新聞，2009年9月19日）。それに伴い，女性政治家に関する報道量も増加してきている。

しかし，2009年衆院選時の選挙報道では，各政党の女性候補擁立は「集票」のためで，当選は女性候補者自身の力というより，男性が中心となっている政党の力，「小沢ガールズ」という表現に現れているように，影響力のある男性政治家の力という論調が目立った。

2009年衆院選後に筆者が実施したWeb調査[2]によれば，有権者の認識も，こうした報道に近いものであった。「女性候補者自身の能力というより，民主党の勢いが影響した結果である」という意見に対し，「そう思う」と答えた人は回答者の8割に上っていたのに対し（79.9％），「そう思わない」と答えた人は4.6％にすぎなかった。「女性候補者自身の能力によるものではない」という意見に対しても，6割弱の人が賛成（57.2％），反対は1割未満であった（9.6％）。また，「政治家としての女性の能力や資質が評価された結果である」という意見に対し，「そう思う」と答えた人は1割程度と少な

く（12.8％），5割近くが「そう思わない」と答えていた（48.4％）。

また，女性候補者に対する衆院選報道の特徴に対する評価を尋ねた結果，「今年の総選挙の報道は，女性候補者の政治家としての側面より女性としての側面に焦点を当てていた」という意見に対し，4割ほどの人が「そう思う」と答えていたのに対し（42.3％），「そう思わない」と答えた人は2割弱で（17.4％），女性候補者の政治家としての側面より女性としての側面が強調されていたと評価していた。

タックマン（Tuchman, 1978）は，メディアにおける性差別を，「象徴的消滅」とし，それはメディアによる「省略」，「非難」や「軽視」によって行われていると指摘する。「どれくらい取り上げられているか」という報道量においては改善が見られているが，「どのように取り上げられているか」という報道の質においては依然としてはステレオタイプ的報道がなされ，タックマンの言う「象徴的消滅」が公然と行われているのである。

鈴木（2003）は，選挙結果報道番組の事例から，BGMや前職の紹介，家族や支持者との関係における男性候補者と女性候補者の映像の違いについて興味深い特徴を示している。すなわち，選挙結果報道番組で，前職や経歴が詳しく紹介され，支持者の前で堂々としている映像が用いられていた男性候補者に対し，女性候補者の場合，前職に関する具体的な言及はなく，子どもとの関係が強調され，落選した時，涙ぐむ顔のクローズアップが多用されていた。

こうした女性政治家に関する報道が有権者の女性政治家イメージに与える影響を検証することは容易ではないが，女性政治家に関する偏った報道が多い現状を念頭に置いて，有権者の女性政治家に対するイメージを分析した結果を検討してみたい。第7章と第8章で示しているWeb調査（2009年1月実施）で得られた「女性政治家」から連想する人や言葉，イメージに関する自由記述を基に，女性政治家のイメージの構造に関する検討結果を述べる（図4-2，4-3）[3]。

全体的には，政党としては，日本社会党時代から女性候補者を多く擁立してきた社民党が挙げられ，土井たか子氏，田中眞紀子氏，小池百合子氏，野田聖子氏など，当然ながら，党首や大臣などに起用され，また政治家になる前の知名度や二世議員といった理由により，メディア露出の多かった有名女

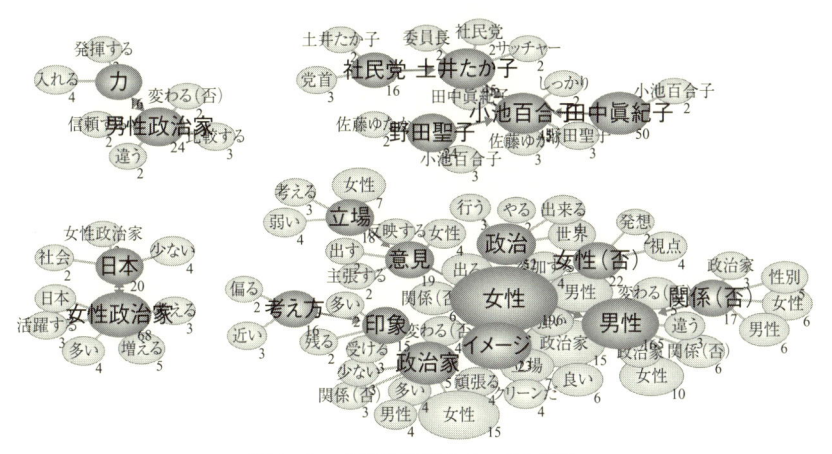

図 4-2　女性政治家イメージの構造

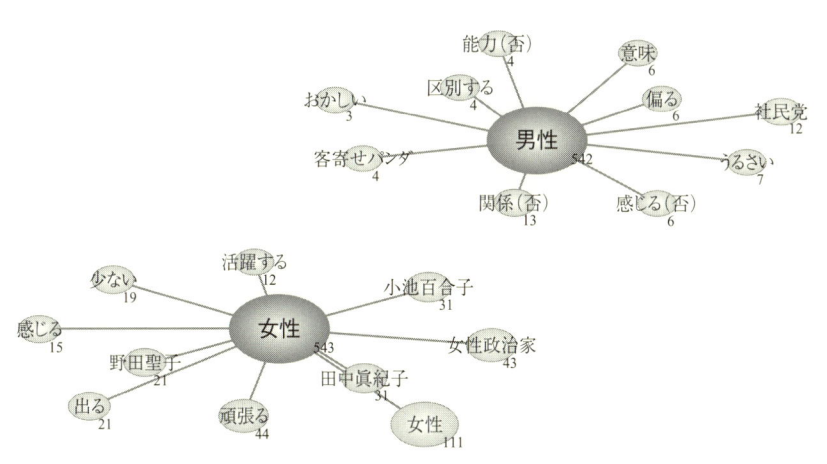

図 4-3　男女別にみた女性政治家イメージの構造

性政治家の名前が挙げられている。

　男女別にみた結果，男性有権者においては，女性政治家のイメージや能力に関する否定的記述が多く，女性政治家に対するネガティブなイメージやステレオタイプが存在することが示された。具体的な記述としては，

・客寄せパンダや票集めのイメージガールとして当選し，何もせず当選を繰り返す（二世議員，タレント議員が多い）（50代男性）
・広告塔（40代男性）

第 4 章　候補者広告の内容的特徴　93

- 頼りない（50代男性）
- あまり能力がない（50代男性）
- 感情的，実力不足（60代男性）
- 気が強い（40代男性）
- やはり力が弱い気がする（60代男性）
- 短絡的で視野が狭い（60代男性）
- 考え方が女性中心に偏っているような気がする（30代男性）

などが見られた。それに対し，女性は具体的な女性政治家の名前や，女性政治家の能力を評価し，期待するポジティブな記述が多かった。具体的には，

- 最近はできる人が多く，パワーを感じる（60代女性）
- はっきりモノがいえる。頼もしい（30代女性）
- 女性特有の男性にはない目線で政治を行ってくれそう（20代女性）
- 真面目にやってくれそう（30代女性）
- 新しい感じ，生活に密着し庶民感覚に近い感じがする（40代女性）

である。

総じて，男女有権者の女性政治家イメージにおける違いが存在しているといえる。これには，選挙報道に関する評価，女性政治家に関する具体的な記述にも現れているように，メディアの報道と男女有権者側のジェンダー観両方が影響していると考えられる。

次に，女性候補者自身の選挙キャンペーン戦略を分析した研究を検討する。2000年衆議院議員選挙の選挙ポスターを分析した研究では，ジェンダー・フレームを政治的資源と関連付けて考察している（古賀，2002）。2000年衆議院議員選挙の女性候補者の選挙ポスター82枚のうち14枚で女性性がアピールされていた。具体的な内容は，

- 女性の元気が政治を変える
- さあ女性の出番です
- 女性の声，庶民の声を国政に！
- 沖縄から初の女性国会議員を！
- 母親として，精神科医として
- 母と子の願いを国政に
- 台所から日本の政治を

などであった。この研究では，知名度の低い女性候補者の場合，有名政治家のような政治的資源を持たない場合が多く，むしろ女性であることを積極的にアピールしていたと分析している。政策についても，女性候補者の方が介護や平和，福祉などに言及する傾向が見られたが，これらは女性候補者を多く擁立した政党で強調されたものであった（古賀，2002）。

　政治広告を分析した研究ではないが，神奈川県の市町村議会議員を対象としたインタビュー調査（大山・国広，2010）からは，選挙キャンペーンで打ち出した争点に性別による違いが見られたことが明らかになっている。具体的に，選挙キャンペーンで男性議員が女性議員より強調した争点は，

　・行財政改革
　・町づくり
　・商工業振興
　・防犯・火災
　・地域開発

などで，それに対し，女性議員は，

　・少子化・子育て
　・健康・福祉
　・環境
　・高齢化
　・男女共同参画

などの争点を男性議員より強調していた。身近な暮らしの問題に焦点を当てていた女性議員に対し，男性議員は財政や経済，開発，犯罪などの問題をより強調していたのである。これらは，前述したアメリカの政治広告で男女政治家によってそれぞれ強調されていた争点と概ね一致する結果である。

　また，茨木（2001）は，全国で初めて女性知事が誕生した2000年大阪府知事選挙の新聞報道を分析し，太田房江氏の選挙キャンペーンは女性を前面に出した戦略から，通産省出身という専門性に基づいた政策アピールに転換し，政治家として要求される「男性性」と，「女性性」の両方を打ち出したことで，太田知事が誕生したと考察している。

　以上の検討を踏まえ，男女候補者の争点提示とイメージ戦略における違いを分析するため，国政選挙における新聞候補者広告を対象に分析を行うこと

にした。

2. 新聞候補者広告の分析

研究方法

ここでは新聞候補者広告のジェンダー・フレームを分析するため，2005年第44回衆議院議員選挙期間（2005年8月30日から9月10日までの12日間）と2007年第21回参議院議員選挙期間（2008年7月12日から7月28日までの17日間）に「朝日新聞縮刷版」に掲載された候補者個人広告のうち，重複するものを除き，計104件を収集した。そのうち，男性候補者の広告は89件，女性候補者の広告は15件であった。政党別にみると，与党が29件，野党が62件，無所属が13件であった。

まず争点分析のために，実際の候補者広告の言語情報を検討した。その結果に基づき，争点を「経済」，「社会保障・福祉」，「税金」，「子ども・教育」，「環境」，「憲法」，「改革」，「外交」，「その他」の項目に分類した。次に，イメージ分析のため，候補者広告の言語情報とビジュアルを検討した結果，写真および経歴・実績による分析が妥当であると判断した。写真は，「柔らかい表情」，「中間・硬い表情」に分類し，経歴・実績としては「政治以外の経歴・学歴」と「政治関連経歴・実績」に分類し，分析を行った[4]。

新聞候補者広告の争点と候補者イメージ分析

2005年衆議院議員選挙と2007年参議院議員選挙において男性候補者と女性候補者はどのような争点をアピールしていただろうか（図4-4）。まず，男性候補者広告においては，「改革」が最も多く，「社会保障・福祉」，「税金」，「経済」，「子ども・教育」の順であった。それに対し，女性候補者広告の場合，「社会保障・福祉」が最も多く，「子ども・教育」，「税金」，「改革」の順であった。

争点別に男性候補者と女性候補者の違いを検討した結果，「子ども・教育」の場合，女性候補者広告では33.3％，男性候補者の広告では13.5％で，女性候補者広告においてより多く言及されている傾向があった。「税金」については，男性候補者14.6％，女性候補者13.3％で，違いは見られなかった。

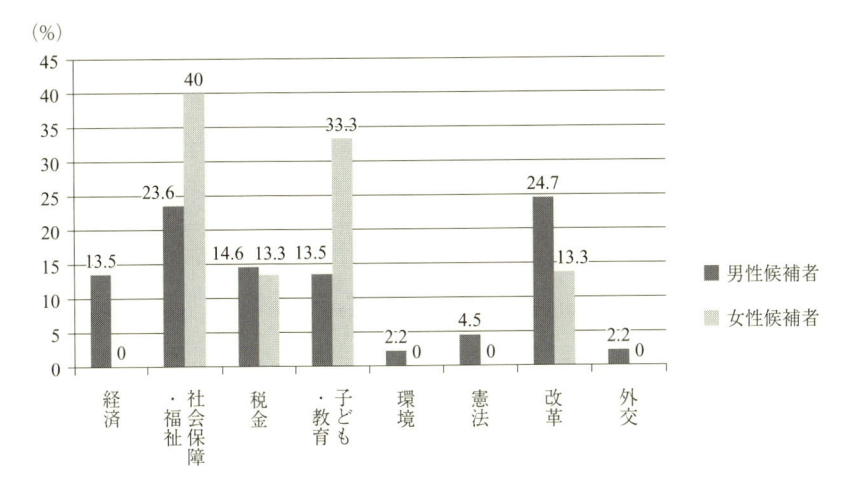

図4-4　2005年衆院選・2007年参院選新聞候補者広告における争点
注）子ども・教育：$\chi^2=3.699$　$df=1$　$p=.054$

「環境」、「憲法」、「外交」問題は男女候補者ともに強調していなかったが、男性候補者広告の13.5％で強調されていた「経済」関連問題は、女性候補者広告では全く強調されていなかった。

分析の対象となった女性候補者広告の件数が少なく、結果の解釈には注意が必要であるが、「経済」、「改革」問題は男性候補者広告で、「子ども・教育」、「社会保障・福祉」は女性候補者広告で取り上げられる傾向が見られ、争点における男女差が確認された。

次に、男女候補者広告のイメージを、写真と経歴情報を対象に分析した結果を検討する。分析対象となった104件の候補者広告のうち、写真が掲載されていた広告は101件で、ほとんどの候補者広告で写真が使われていた。分析の結果、女性候補者の広告においては笑顔の写真が多く使われていた。それに対し、男性候補者の広告においては中間・硬い表情の写真が多く、演説の場面を連想させる写真も複数含まれていた（図4-5）。

さらに、候補者の経歴・実績に関する情報を対象に、専門性に関連するイメージの分析を試みた（図4-6）。ビストロムら（Bystrom, Banwart, Kaid, & Robertson, 2004）は、男性候補者において専門性が強調されていることを明らかにしている。有意な違いではなかったが、政治以外の経歴・学歴は、女

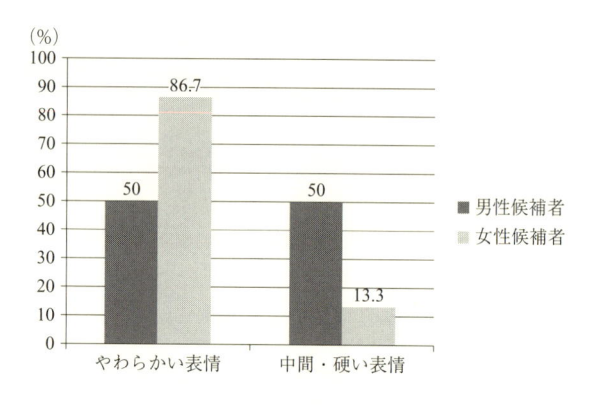

図4-5　2005年衆院選・2007年参院選新聞候補者広告における写真の特徴
注）$\chi^2=6.951$　$df=1$　$p<.01$

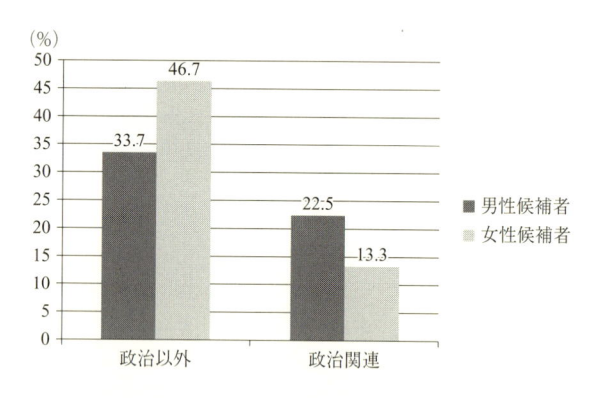

図4-6　2005年衆院選・2007年参院選新聞候補者広告における経歴情報
注）すべて ns

性候補者広告の46.7％，男性候補者広告の33.7％に提示されていた。政治関連の経歴・実績は，男性候補者広告の22.5％，女性候補者広告の13.3％で提示されていた。男性候補者が若干専門性を強調する傾向があったといえる結果であるが，男性候補者の方が政治的経歴を持つ人が多いということが影響しているだろう。

　女性候補者広告における女性的特徴のアピールとしては，「3人の子育て，母の介護の経験を政治に」，「PTA や女性運動の経験いかし，くらし・平和守る」などがあった。政治家に必要とされる要素は，「女性性」より，伝統

的な「男性性」，とりわけ「力強さ」，「決断力」などの特徴に基づいたものが多いが，女性的特徴のうち，女性の「母親」としてのイメージは，政治の場面で有利に働く場合も多い。分析対象となった男性候補者の広告の中にも「4人の子を持つ親として子育ての声を国政へ」と親としての経験・役割を積極的にアピールするものがあった。

女性候補者広告の件数が少なかったため，解釈には注意を要するが，全体的に女性候補者は自身の広告で特定の争点およびイメージ両方において自身の女性的特徴をアピールする「ジェンダー・フレーミング」を行う傾向が見られた。この結果は，各時期や選挙における違いは見られているが，概ね「イメージ」に関してはステレオタイプを排除する傾向があったことを示したビストロムらのアメリカにおける研究とは異なるものである。日本ではアメリカに比べ女性政治家が少なく，一部の知名度の高い女性政治家を除くと依然として女性としてのイメージを打ち出した方が有権者にアピールできる状況が続いているといえる。政治広告における男女候補者のイメージの違いが，有権者の態度に影響する可能性も高く（Benze & Declercq, 1985），今後さらなる検討が必要である。

―― この章のまとめ ――

第4章では，伝統的に男性社会となってきた政界において，女性政治家は政治広告でどのように自身をアピールしているか，という問題に注目した。メディア報道においては，女性の政界進出が増えるにつれ，女性政治家に関する報道量は増加傾向を見せているものの，依然として女性政治家は政界のアウトサイダーで，政党の改革イメージに利用されることが強調されている。こうしたメディア報道に対して，女性政治家自身の持つ属性や主張を自由にアピールできる政治広告の場合は，どのような特徴が見られているか。本章ではこうした問題意識から，日本における女性政治家の現状と選挙キャンペーン戦略について検討し，2005年衆議院議員選挙と2007年参議院議員選挙期間中に朝日新聞に出稿された候補者広告を対象に分析を行った。

1946年に実施された衆議院議員選挙では39人の初の女性議員が誕生する

ものの，1990年代初頭まで女性議員の比率はかなり低かった。その後，1990年代後半から，衆議院における女性議員の割合は増加傾向を見せている。1989年参議院議員選挙では，自民党の政治スキャンダルを背景に，当時の土井たか子日本社会党党首が率いる女性候補者たちの斬新なイメージが有権者にアピールし，いわゆる「マドンナブーム」が巻き起こった。また，2005年衆議院議員選挙と2009年参議院議員選挙では自民党と民主党を中心に多くの女性候補者が擁立され，2005年は43名，2009年は54名の女性議員が当選を果たした。しかし，報道では，彼女たちの当選は，「小泉チルドレン」，「小沢ガールズ」などの表現に見られるように，有力な男性政治家の影響によるものであるという論調が目立った。こうしたメディア報道や男女有権者のジェンダー観の影響で，有権者の女性政治家イメージも男女間で大きな隔たりを見せている。2005年衆議院議員選挙と2007年参議院議員選挙の新聞候補者広告分析から，新人や知名度の低い女性政治家は，依然として女性としてのイメージを打ち出すことで有権者にアピールしていることが示された。

　メディア報道とともに，政治広告などの選挙キャンペーンにおける女性政治家自身の広報戦略が，有権者の女性政治家に対するイメージや態度に影響する可能性が高く，こうした問題は女性の政治参画を考える上でも大変重要な問題である。今後，さらなる検討を加えていきたいと考えている。

第Ⅲ部　政治広告の受容

1928年，第1回普通選挙のポスター
(法政大学大原社会問題研究所所蔵)

第Ⅲ部では政治情報源としての政治広告の受容を検討する。

　まず第5章では，政治情報への接触と評価，政治意識に対する政治情報の影響，政治広告の効果に関する諸研究を検討した。

　第6章と第7章では，政治に関する報道的情報と広告的情報の受容に関する質問紙調査とWeb調査の結果を述べる。

　続く第8章では，政党CMを呈示刺激とした実験を通して政治広告の効果に関する探索的研究を行った。

　政治広告の受容に関する量的研究に加えて第9章では有権者の政治広告に対する評価の構造と類型に関する質的分析の結果を検討する。具体的には，第7章のWeb調査の自由記述に基づいて政治広告評価の構造を検討した。有権者を対象としたインタビュー調査では，男女別，世代別に政治広告に対する評価を詳細に検討し，その類型化を試みた。

　報道的政治情報と広告的政治情報の受容に関する包括的分析を通して，政治情報における政治広告の位置づけとその在り方について検討する。

第5章　政治情報と政治意識

　第5章では，有権者が何によって選挙情報を得ていて，それをどう評価しているのか，またその情報が，人々の政治意識や政治参加，投票行動にどのような影響を与えているのかを検討する。

1．政治情報への接触と評価

　政治情報への接触と評価について，各選挙で行われた調査に基づいて選挙情報に対する有権者の接触状況と評価を中心に検討する。まず，2005年衆議院議員選挙，2007年参議院議員選挙，2007年統一地方選挙直後に明るい選挙推進協会が実施した調査結果（明るい選挙推進協会，2005，2007，2008）により，選挙情報源への接触と評価について検討する。続いて，2005年衆議院議員選挙の際に朝日新聞の読者を対象に行われた調査（朝日新聞，2007），2000年6月に実施された政党ホームページへの接触と評価に関する調査（岡本，2003），2004年参議院議員選挙時の政党ホームページの評価に関する調査（谷口・堀内・今井，2004）について検討する。

　まず，2005年9月に実施された第44回衆議院議員選挙において接触度の高かった情報源は，
- ・テレビの報道
- ・新聞報道
- ・テレビの政党政見放送
- ・テレビの候補者経歴放送
- ・選挙公報

であった。政治広告への接触度は，「候補者の新聞広告」が最も高く，「政党のテレビスポット広告」，「政党の新聞広告」も高い方であったが，政治広告への有用性評価は高くない。2007年7月に実施された第20回参議院議員選挙における選挙情報源に関する調査からも，有権者が選挙情報源として最も接

触していたメディアはテレビで,
- テレビの選挙報道（解説・評論を含む）
- 政党の政見放送（テレビ）
- 掲示板に貼られた候補者のポスター
- 候補者の経歴放送（テレビ）

が上位4位を占め,「新聞の選挙報道（解説・評論を含む）」は5位であった。また, 4割と高い接触度を見せた「掲示板に貼られた候補者のポスター」の有用性評価はかなり低かった。「候補者の新聞広告」,「政党のテレビスポット広告」,「政党の新聞広告」は3割弱が接触しており, 有用度については, 2005年の衆議院議員選挙よりは若干上昇している傾向があった。

次に2007年4月に行われた第16回統一地方選挙後の調査結果を検討する。まず接触度の高い情報源は,
- 候補者のビラ（マニフェスト）や政党（確認団体）のビラ（マニフェスト）
- 連呼
- 候補者の葉書
- 選挙公報
- 候補者や政党（確認団体）のポスター
- 候補者や政党の新聞広告

であった。有用性の高い情報源としては,「候補者のビラ（マニフェスト）や政党（確認団体）のビラ（マニフェスト）」,「選挙公報」,「候補者や政党の新聞広告」が挙げられており, 国政選挙に比べビラなど候補者側の媒体の評価が高く, 新聞広告の有用性評価が高いのも特徴的である。

総じて, 全国的な関心が集まり, メディア報道の多い国政選挙においては, 報道的情報が広告的情報より重要な意味を持っているのに対し, 報道が限定される地方選挙においては, 候補者自身の広告的情報の重要性が高くなっているといえる。また政治広告接触度は全体的に高いが, 有用性評価は低く, 政治情報源としての役割は限られていることが分かる。

2005年衆議院議員選挙の時に朝日新聞の読者を対象に行われた調査（朝日新聞, 2007）では, 全体では7割強の人が公示日以降新聞の政党・候補者広告を見ており, 投票参加意向の高い人ほど注目していることが示されている。また比例代表区の政党選択基準として,「政見・政策・公約・マニフェス

ト」と答えた人は5割ほどで,「政党の持つイメージ」と「党首の人柄・人物」はそれぞれ2割ほどを占めていた。候補者選択要因としては,「政見・政策・公約・マニフェスト」が5割を超えており,「人柄・人物」も5割弱を占めている。政党や候補者を選ぶ際の情報源としては,新聞とテレビを挙げる人が多く,政見放送と選挙公報はそれぞれ2割前後を占めていた。朝日新聞読者に限って言えば,新聞政党広告への接触度はかなり高いといえる。

　次に近年政治情報源として注目されているホームページへの接触について検討したい。岡本（2003）は,2000年6月に実施された政党ホームページへの接触と評価に関する調査から,選挙期間を含めた1カ月に,自民・民主・自由・公明・共産の5政党のうちいずれかのホームページを1回以上見たことがある有権者は,全体の約28％であることを確認している。民主党のホームページを1回以上閲覧したことがある有権者は25.2％で,自由党の場合は17.7％を占めていた。政党ホームページの閲覧は,「政党の意見を知るため」,「投票の判断材料にするため」など,「情報収集目的」と答えた有権者が多く,次に多かったのは,「政党のバナー広告をみて」,「メールマガジンで紹介されたので」など,他の広告による働きかけであった。

　また谷口・堀内・今井（2004）は,マニフェストが注目された2003年衆議院議員選挙以降,政党がマニフェストなど,具体的な政見,政策を伝えることが可能な政党ホームページに対する評価を,2004年参議院議員選挙を対象に検討している。その結果から,政策争点の重要性が増大し,その詳細を伝える媒体としてのインターネットの重要性も増していくと予想している。明るい選挙推進協会の調査（2010）では,2009年衆議院議員選挙においてマニフェストへの接触度と有用度が前回衆院選より高くなっていた。

2. 政治意識に対する政治情報の影響

　以上,政治情報への接触状況を検討してきた。それでは政治情報は人々の政治意識や政治参加にどのような影響を与えているだろうか。
　政治意識とは,フェルドマン（2006）によれば,「政治体系の中で機能する感情や関心,その結果としての意見や態度,信念などを体系化したものの総称」[1]である。具体的には,

「（1）政治的正当性の意識や政治不信など，政治一般に対して持つ感情，
（2）政治的有効性感覚，政治参加に対する義務感など，政治に対する自己の関わり方についての態度，
（3）環境や福祉，外交問題への関心など，政治的争点に対する態度，
（4）政党支持の態度」[2)]
などがあるとしている。これまで，こうした政治意識に影響を与える政治情報の特徴とその在り方について多くの研究関心が寄せられている。

また政治参加は，政治行動研究における重要な問題として，とりわけ「民主主義の中心」[3)]となる投票行動に影響する要因について多くの研究が展開されてきた。投票行動は，「投票参加（投票するのか棄権するのか）」，「投票方向（どの政党・候補者に投票するのか）」[4)]に分類できる。ここでは，まず投票方向に影響する要因を検討し，続いて投票参加を含む政治参加に対する政治情報の影響について検討することにする。

小林（2000）は投票方向を決定する要因として，「社会的属性」，「政党支持」，「争点態度」，「候補者イメージ」，「業績評価」などを挙げる。小林（2000）によれば，これまで投票行動の研究において，世代や年齢などの社会属性と投票行動との関連性，政党支持と投票行動との関連性が注目されてきた。初期の研究では，投票行動は政党支持などからなされる安定的なもので，所属グループの成員と同じような選択をする傾向が示された（Boiney & Paletz, 1991）。しかし，その後，政党支持の説明力が低下し，争点態度と投票行動との関連，政治不信や経済状況などの政府の業績に対する評価が投票行動に与える影響に関心が集まり，候補者のイメージ評価と投票行動との関連，候補者イメージに影響する要因なども研究されている（小林，2000）。

ボイニーとパレツ（Boiney & Paletz, 1991）も同様に，有権者の投票行動の要因として，政党支持，候補者の争点評価，候補者のイメージ，有権者の所属，業績評価を挙げ，投票行動の研究と政治広告の研究両方において，投票行動における「政党支持」の影響力が次第に減少し，「イメージ」と「業績評価」が重要な要因となってきていると指摘する。

政治情報と投票参加の関連については，境家（2006）が，選挙に関する情報を多く持つ有権者ほど，投票に参加する傾向が高いことがアメリカの大統領選などの研究で明らかになっていること，日本でも低関心層において，選

挙情報をより多く獲得するほど投票に参加する傾向があることを示している。しかし，メディアと政治参加については，政治参加に対するメディアのネガティブな影響の方が問題となる場合が多い。これまで多くの研究からメディアのネガティブな報道フレームや，候補者や政党側のネガティブキャンペーンが，政治的シニシズムと政治的無効感など，政治に対するネガティブな態度や意識に影響し，政治参加を阻害していることが指摘されてきた（Ansolabehere & Iyengar, 1995; Cappella & Jamieson, 1997；山田，1990）。

政治的シニシズムは，カペラとジェミーソン（Cappella & Jamieson, 1997）によれば，人々が「政治的行為者は自己利益が最大の目的で，一般の利益はせいぜい副次的なものか，自身の政治的な利益のために最後まで演じるもの」[5]と感じることで，その中心にあるのは，現代の多くの民主主義国家が直面している「政治に対する信頼の欠如」[6]である。

政治的有効性感覚とは，キャンベル，グリンとミラー（Campbell, Gurin, & Miller, 1971）によれば，「個人の政治的行為が政治的過程において影響を持っている，または影響力を発揮できると感じる感覚」[7]で，「政治的，社会的変化は可能で，個々の市民がそうした変化をもたらす過程で何らかの役割を果たすことができると感じる感覚」である[8]。政治的無効感は，「政治への理解と参加に関する個人の能力（内的）あるいは政府への無力感（外的）」[9]である。

カペラとジェミーソン（Cappella & Jamieson, 1997）は，多くの民主主義国家で見られる政治に対するネガティブな態度は，メディア報道にその原因があると指摘する。メディアの政治報道は，選挙での争点より，選挙キャンペーンでの勝ち負けが最大関心事となる戦略型フレームを多用しており，こうした報道が健全な政治批判意識を活性化させるより，政治的シニシズムを助長しているというのが彼らの主張である。日本でも，政治不信が根強く，メディア報道が否定的な政治態度を助長していることが指摘されている。

まず，山田（1990）は，大学生を対象とした調査から，「政治的疎遠感」，「政治的不信感」，「政治的有効性感覚」（政治的無力感）の側面から若年層の政治的疎外意識を分析している。谷口（2002）は，テレビ朝日の「ニュースステーション」が，NHKの「News10」より戦略型フレームを多用しており，「ニュースステーション」の視聴が視聴者の政治的シニシズムに影響してい

ることを明らかにしている。また，安野（2003）は，生活と意識についての国際比較調査，JGSS[10]-2001の分析から，新聞閲読や読書，パソコン利用といったメディア利用は政治的有効性感覚にポジティブな影響を与えていたのに対し，テレビ視聴は政治家への信頼にネガティブな影響を与えていたことを明らかにしている。サイトウ（Saito, 2008）は，NHKと民放のニュース番組の特徴と視聴行動に注目し，主に民放のニュースを視聴している人において政治的無効感が強く，政治情報をテレビに依存している人において政治的シニシズムが強くなることを明らかにした。

　しかし，選挙報道において強調されるフレームは，選挙情勢や争点などにも影響されるようである。たとえば，佐藤・稲葉（2010）は，2005年，2009年の衆院選に関する新聞報道の分析で，2005年衆院選では戦略型報道が争点型報道よりわずかながら多かったのに対し，2009年衆院選では争点型報道が多く，その割合が急激に増えていることを明らかにしている。佐藤・稲葉（2010）は，郵政選挙と言われた2005年衆院選では「刺客」などの表現に代表される戦略型報道がなされ，政権交代が注目された2009年衆院選では「マニフェスト検証」などの争点型報道がなされたことがその原因であり，こうした報道フレームが各選挙で勝利した政党に有利な報道であった可能性を指摘している。

　メディア報道とともに，ネガティブキャンペーンと有権者の政治的態度との関係を指摘している研究も多い。とりわけネガティブキャンペーンが展開されることの多いアメリカでは，ネガティブ広告に対する有権者の否定的評価が確認されている（Harris, 2004）。日本でも全国調査からネガティブ表現に対して抵抗を感じるなどの否定的評価が多かった（稲葉，2001）。さらに，ネガティブキャンペーンが，投票参加を低下させることも明らかにされており（Ansolabehere & Iyengar, 1995），政治情報が有権者の政治不信を助長し，政治参加にネガティブな影響を与えていることが示されている。一方で，「情報探索に積極的でない」傾向の人は，ネガティブ広告に好意的に反応する可能性が高く（Surlin & Gordon, 1977），広告に対する記憶度はネガティブ広告の方が高いことも報告されている（Newhagen & Reeves, 1991）。

　こうした政治情報の効果過程には，有権者の知覚的反応が関わっていることが考えられる。本書では政治的メッセージの知覚的効果として「第三者効

果」と,それが政治的態度と行動に及ぼす影響に注目した。デイビソン (Davison, 1983) が「人々は,マス・コミュニケーションが他者の態度と行動に及ぼす影響を過大に評価する傾向がある」[11]と指摘したことから,マス・メディアは自分より他者に対しより大きな影響を与えていると知覚する傾向があるという「第三者効果」について,マス・コミュニケーション研究分野で多くの研究関心が集まった。第三者効果には,「知覚的効果」(第三者知覚) と「行動的効果」(第三者効果) があり,知覚的効果は,人々が自分自身へのメディアの影響を過小評価し,他者へのメディアの影響を過大評価する傾向で,行動的効果は,こうした偏った第三者的知覚が好ましくないメディア内容の規制を支持するなどの態度や行動を促す可能性のことである (Perloff, 1999)。

　これまで第三者効果仮説は,メディア暴力 (Salwen & Dupagne, 2001),ポルノ (Lee & Tamborini, 2005),政治広告 (Wei & Lo, 2006; Cheng & Riffe, 2008) など,様々なメディア内容の効果研究に適用されてきた。ピーター (Peter, 2008) によれば,一般的に,説得的メッセージで,信頼性が低く,否定的な影響を与える可能性のある偏向的メディア内容が第三者知覚を増加させる傾向がある。政治報道より偏っていると評価されやすい政治広告においてより強い第三者知覚が見られたことも明らかにされている (Johansson, 2005)。また,各国の研究成果よりメディアの第三者効果は普遍的な効果とされている一方で,最近の研究では文化的特徴が第三者知覚に影響する可能性も指摘されている (Lee & Tamborini , 2005)。

　一方,第三者知覚とメディア規制との関連性を中心とした行動的効果については一貫した結果が得られていない (Perloff, 1999)。ネガティブ広告を対象とした研究から,人々は,ネガティブ広告が自分自身より他者により否定的な影響を与えると考える傾向があり,こうした知覚がネガティブ広告の規制に対する支持に影響していることが明らかにされている (Wei & Lo, 2006)。しかし,別の研究では,第三者知覚と選挙キャンペーン・メッセージの規制支持との関連性は確認されなかった (Rucinski & Salmon, 1990)。

　そして,第三者効果の影響因としては,社会的距離 (Gunther, 1991),知識 (Salwen & Dupagne, 2001),争点への関与 (Perloff, 1999),年齢 (Johansson, 2005) などが指摘されてきた。とりわけ,知識の影響について,ピーター

(Peter, 2008) は，特定問題に対して自分自身が知識を持っているという知覚や，他者より教育程度が高いという信念，高い自尊心などが第三者知覚を増大させる傾向があると指摘する。たとえば，テレビ暴力についてよく知っていると思っている人ほど，第三者知覚が強いこと（Salwen & Dupagne, 2001），政治的争点に対する関与が第三者知覚を増大させること（Peter, 2008）も示されている。

このような第三者効果，すなわち他者に対する政治情報の影響をより強く知覚することで，政治的シニシズムまたは政治不信が増加する可能性が考えられる。すなわち，他者が決して望ましくない政治情報により影響され，「彼ら」が政治に影響することができると知覚すること（知覚的効果）が，政治的シニシズムなどの政治に対するネガティブな態度，投票意向や行動にも影響する可能性（行動的効果）があるのである。

政治情報の第三者効果については，後の7章，8章で検討する。人々は，政治情報が自分自身より他者により強く影響すると知覚する傾向があり，このような知覚的効果は，政治報道より望ましくないと評価される傾向があり，否定的に評価されやすい政治広告においてより強い可能性がある。この点については第7章で検討を行う。また，第8章では政党 CM 反応要因と第三者効果との関連性について分析を行い，広告のどのような要素が第三者効果に影響しているかについても検討を行う。

---- この章のまとめ ----

第5章では，まず既存の調査データから，有権者の政治情報への接触状況と評価を検討した。全国的な関心が集まる国政選挙においては，報道的情報がより重要な意味を持ち，選挙情報源としての広告的情報の有用性評価はかなり低かったのに対し，報道量の少ない地方選挙においては，候補者の広告的情報に関する有用性評価が高くなっていた。

また，メディアのネガティブな報道フレームや選挙キャンペーンが有権者の政治に対する態度や意識に及ぼす影響を中心に，政治情報が人々の政治意識や政治参加に及ぼす影響についても検討を行った。これまで，選挙での争点より，選挙キャンペーンでの勝ち負けに焦点を当てる戦略型フ

レームが多用されるメディア報道が，健全な政治意識や政治参加より，政治に対するネガティブな態度を助長していることが指摘されてきた。日本においても，NHKと民放における報道の特徴を考慮した研究から，戦略型フレームが多用される民放の視聴により，政治に対するネガティブな態度がもたらされていることが示されている。そして政治広告の効果に有権者の知覚的反応が関わっている可能性を考え，政治情報の知覚的効果として第三者効果が政治的態度や行動に及ぼす影響について検討した。自分に対する政治情報の影響より，他者に対する政治情報の影響をより強く知覚することで，すなわち戦略型フレームやネガティブキャンペーンなど，望ましくない政治情報により「彼ら」が影響され，「彼ら」が政治に影響することができるという知覚が，政治に対するネガティブな態度を助長し，政治参加意識を阻害している可能性が考えられる。以上の検討を踏まえ，第6章と第7章では政治情報への接触と評価に関する調査研究，第8章では政治広告の効果に関する実験，第9章では政治広告の受容に関する質的分析を行った。

第6章　政治情報への接触と評価（1）
：首都圏対象質問紙調査

　第6章では，政治広告を含む政治情報への接触と評価，投票行動への影響などについて，助成研究者として参加した2008年吉田秀雄記念事業財団オムニバス調査[1]に基づいて検討する。

1．研究方法

調査概要と研究課題

　調査実施機関は，電通リサーチ社で，調査対象は首都30km圏内の満15歳から65歳までの一般男女個人である。標本はランダムロケーション・クォータサンプリング法により抽出され，該当年齢者に対して，調査員の訪問による質問紙の留置調査が実施された。調査実施期間は，2008年6月12日から23日までであった。調査票回収数は779名で，記入に不備があったものなどを除く有効回答数は720名であった。回答者の男女別・年代別分布は，表6－1のとおりである。

　この調査では，政治広告への接触と評価，政党および候補者選択要因と情報源が人口学的属性や政治意識によってどのように異なるかを検討した。調

表6－1　回答者の男女別・年代別分布

(上段：人数)

	15-19歳	20代	30代	40代	50代	60-65歳	合計
男性	25 6.7%	73 19.7%	86 23.2%	74 19.9%	74 19.9%	39 10.5%	371 51.5%
女性	21 6.0%	64 18.3%	88 25.2%	64 18.3%	71 20.3%	41 11.7%	349 48.5%
合計	46 6.4%	137 19.0%	174 24.2%	138 19.2%	145 20.1%	80 11.1%	720 100.0%

査項目は,
1) 政治関与
2) 投票参加度
3) 政治情報源
4) 政党選択時の情報源
5) 政党および候補者選択要因
6) 支持政党
7) 政治広告接触状況
8) 政党CM・新聞政党広告の評価
9) 性別,年齢,職業などの回答者の属性

である。具体的な尺度は各分析のところで示す。

回答者の属性と政治情報源の利用

回答者は,男性が371名,女性が349名であった。年齢は15歳から65歳まで分布しており,15歳から19歳までが6.4%,20代19.0%,30代24.2%,40代19.2%,50代20.1%,60歳から65歳までが11.1%を占める(表6-1)。

まず回答者の政治意識について検討する。調査では,政治関与,投票参加度の測定のため,それぞれ「政治問題に関心があるほうだ」,「選挙の際,投票に行く」に対し,4段階で回答を求めた。「政治問題に関心があるほうだ」という項目に対し,「ややあてはまる」,「あてはまる」と答えた人を合わせると6割を超える人が政治に関心を持っていた。

男女別にみると,「政治問題に関心があるほうだ」という項目に対し「ややあてはまる」,「あてはまる」と答えた人の割合は,男性73.9%,女性56.4%であった。また年齢が高くなるにつれ,政治への関心度も高くなっていた。50代,60歳から65歳までの人は,「政治問題に関心があるほうだ」という項目に対し,8割前後の人が「ややあてはまる」,「あてはまる」と答えており,政治への関心度が高い層となっている。

20歳以上の有権者(n=674)に対し,投票参加度を聞いた結果,「選挙の際,投票に行く」という項目に対し,「ややあてはまる」,「あてはまる」と答えた人が,8割近くを占めていた。有権者のうち,支持政党があると答えた人と,ないと答えた人の割合はどちらも5割で,年齢が高いほど支持政党を持

つ人が多かった。

　全体的にみて，政治報道への接触度が高く，「政治に関するニュースを読んだり見たりするほうだ」という項目に対し，「ややあてはまる」，「あてはまる」と回答した人が6割を超えていた。男女別にみると，男性が女性より，年代別にみると，年齢が高いほど，政治報道への接触度も高かった。

　次に政治情報源について検討する。政治情報源として，

・テレビニュース
・新聞記事
・民放のワイドショーや情報番組
・テレビの政治討論番組
・雑誌記事
・周りの人との話
・インターネットのニュースサイト
・インターネットのブログ・掲示板
・その他
・特になし

の10項目を設定し，回答を求めた（図6-1）。

　全体的にテレビと新聞の報道が主な政治情報源であることが分かった。政治情報源として「テレビニュース」を挙げた人は全体の9割近くで最も多く，次いで「新聞記事」が6割以上を占めていた。「民放のワイドショー・情報番組」は全体の4割弱で，女性が男性より多く，一方で「テレビの政治討論番組」は全体の3割弱で，男性が女性より多く，対照的であった。これは，性別による生活時間とテレビ視聴行動の違いに起因するものであろう。次に「インターネットのニュースサイト」の場合は，全体の2割弱を占めており，その割合は男性が女性より多かった。「雑誌記事」を挙げた人も，男性が女性より若干多い。

　年齢層別に違いの顕著だった情報源をみると，40代以上で「新聞記事」（7割から8割）と「民放のワイドショー・情報番組」（4割前後）を，50代以上で「政治討論番組」（50代：4割，60代：5割）を政治情報源として挙げている人が多かった。それに対し，「インターネットのニュースサイト」は20代（3割弱）と30代（2割）において多い（表6-2）。

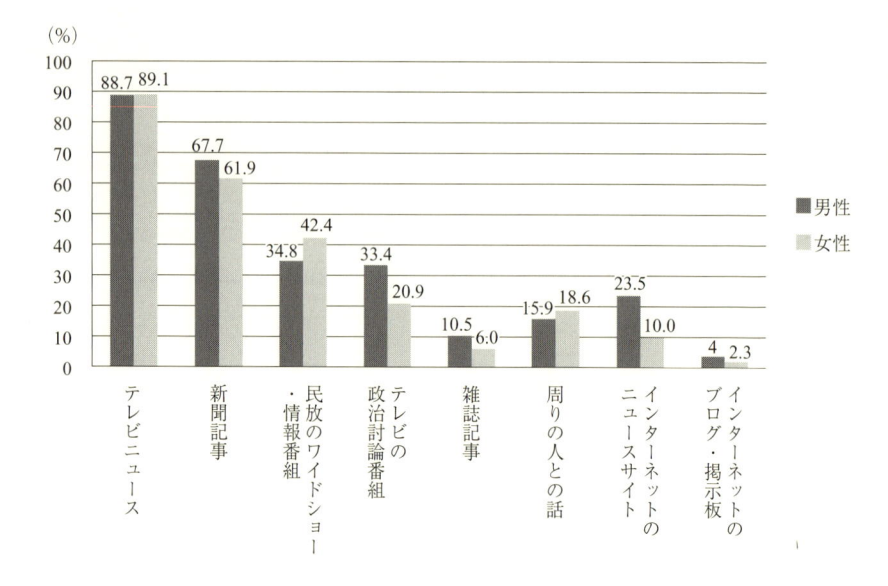

図6-1　男女別にみた政治情報源（n=720。複数回答）

注）民放のワイドショー・情報番組：χ^2=4.430　df=1　p<.05
　　テレビの政治討論番組：χ^2=14.152　df=1　p<.001
　　雑誌記事：χ^2=4.756　df=1　p<.05
　　インターネットのニュースサイト：χ^2=23.018　df=1　p<.001

2．政治広告への接触と評価

　次に，政治広告への接触経験と，評価について尋ねた。政治広告として，
・テレビ政党CM（以下政党CM）
・新聞政党広告
・テレビ政見放送（以下政見放送）
・街頭の政党・政治家のポスター
・政党・政治家による街頭演説・宣伝カー
・インターネットの政党ホームページ
・インターネットの政治家個人ホームページ
・政党機関紙

を挙げた。第5章で述べた各選挙実施後に行われた明るい選挙推進協会の調査とは異なり，特定選挙と関係なく，これまでの接触経験を聞いたものであ

表6-2 年齢層別にみた政治情報源（複数回答）

	15-19歳 (n=46)	20代 (n=137)	30代 (n=174)	40代 (n=138)	50代 (n=145)	60-65歳 (n=80)
テレビニュース	40 87.0%	115 83.9%	155 89.1%	124 89.9%	132 91.0%	74 92.5%
新聞記事[*1]	23 50.0%	58 42.3%	97 55.7%	105 76.1%	118 81.4%	66 82.5%
民放のワイドショー・情報番組[*2]	19 41.3%	35 25.5%	67 38.5%	63 45.7%	63 43.4%	30 37.5%
政治討論番組[*3]	7 15.2%	15 10.9%	34 19.5%	35 25.4%	64 44.1%	42 52.5%
雑誌記事	1 2.2%	9 6.6%	16 9.2%	15 10.9%	17 11.7%	2 2.5%
周りの人との話	9 19.6%	26 19.0%	35 20.1%	23 16.7%	17 11.7%	14 17.5%
ニュースサイト[*4]	6 13.0%	39 28.5%	36 20.7%	19 13.8%	16 11.0%	6 7.5%
ブログ・掲示板	2 4.3%	8 5.8%	7 4.0%	2 1.4%	3 2.1%	1 1.2%
その他	3 6.5%	2 1.5%	1 .6%	1 .7%	3 2.1%	0 .0%
特になし	3 6.5%	9 6.6%	5 2.9%	1 .7%	2 1.4%	2 2.5%

*1 $\chi^2=77.209$ $df=5$ $p<.001$　*2 $\chi^2=14.378$ $df=5$ $p<.05$
*3 $\chi^2=73.585$ $df=5$ $p<.001$　*4 $\chi^2=24.815$ $df=5$ $p<.001$

る（図6-2）。

　政治広告への接触は，「政党CM」が最も多く，8割を超える人が見たことがあると答えていた。次に，「街頭の政党・政治家のポスター」が7割を超え，「政見放送」，「新聞政党広告」，「政党・政治家による街頭演説・宣伝カー」も6割を超えていた。一方，「インターネットの政党ホームページ」と「政治家個人のホームページ」の場合，見たことのある人は少なかった。男女別には，政党ホームページと政治家個人ホームページ両方とも男性が女性より接触経験のある人が多かった。

　次に，年齢層別に政治広告の接触経験を分析した結果（表6-3），「新聞

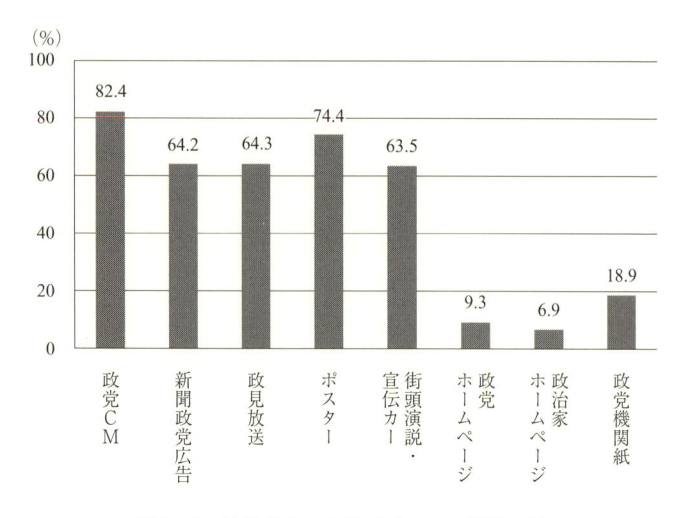

図6-2　政治広告への接触（n=720。複数回答）

注）政党ホームページ：男性13.5%，女性4.9%，χ^2=15.782　df=1　$p<.001$
　　政治家個人ホームページ：男性9.4%，女性4.3%，χ^2=7.341　df=1　$p<.01$

政党広告」，「政党機関紙」において，40代以上が40代未満より接触経験が多かった。「新聞政党広告」の場合，40代が8割近くで最も多く，40代以上は7割を超える人が接触していたのに対し，20代と30代は，40代以上の年齢層より少なくなっていた。「政党機関紙」の場合は全体的に接触経験のある人は少なかったが，40代以上は2割を超えていたのに対し，若年層においては1割前後と少なくなっていた。

一方，「政治家個人のホームページ」は20代で見たことのある人が最も多く，「政党CM」は40代，30代，15-19歳で見たことのある人が多くなっており，他の情報源より若い世代において接触経験が多くなっていた。

総じて，政党・政治家ホームページ，政党機関紙など，積極的接触行動が求められる情報源より，政党CM，新聞政党広告，ポスター，街頭演説など，受動的情報源への接触経験のある人が多かった。積極的接触が求められる情報源のうち，政見放送への接触経験のある人の割合が6割と高かった。

次に，新聞政党広告，政党CMを見たことがあると答えた人を対象に，

・硬い
・面白い
・他政党に批判的

表6-3 年齢層別にみた政治広告への接触（複数回答）

	15-19歳 (n=46)	20代 (n=137)	30代 (n=174)	40代 (n=138)	50代 (n=145)	60-65歳 (n=80)
政党CM[*1]	39 84.8%	102 74.5%	150 86.2%	125 90.6%	114 78.6%	63 78.8%
新聞政党広告[*2]	25 54.3%	63 46.0%	104 59.8%	107 77.5%	105 72.4%	58 72.5%
政見放送[*3]	22 47.8%	62 45.3%	108 62.1%	98 71.0%	112 77.2%	61 76.3%
ポスター	30 65.2%	102 74.5%	133 76.4%	106 76.8%	106 73.1%	59 73.8%
街頭演説・宣伝カー	24 52.2%	95 69.3%	109 62.6%	89 64.5%	94 64.8%	46 57.5%
政党ホームページ	2 4.3%	17 12.4%	19 10.9%	12 8.7%	14 9.7%	3 3.8%
政治家ホームページ[*4]	2 4.3%	16 11.7%	9 5.2%	8 5.8%	13 9.0%	2 2.5%
政党機関紙[*5]	4 8.7%	12 8.8%	30 17.2%	31 22.5%	41 28.3%	18 22.5%

*1　$\chi^2=16.386$　$df=5$　$p<.01$　　*2　$\chi^2=40.521$　$df=5$　$p<.001$
*3　$\chi^2=45.731$　$df=5$　$p<.001$　　*4　$\chi^2=9.720$　$df=5$　$p=0.84$
*5　$\chi^2=22.775$　$df=5$　$p<.001$

・信頼できる
・話題性がある
・政党の特徴をイメージしやすい
・公約（マニフェスト）が分かりやすい
・キャッチフレーズが印象的
・特になし

の9項目を用いて新聞政党広告と政党CMのイメージについて評価してもらった（図6-3）。政党CM，新聞政党広告両方とも「硬い」という印象が最も多く，「信頼できる」という評価は非常に少ないことから，選挙情報源としての役割は限られていることが分かった。

それでは，広告媒体別にその評価はどのように異なっているだろうか。政党CMは新聞政党広告より「話題性がある」，「キャッチフレーズが印象的」

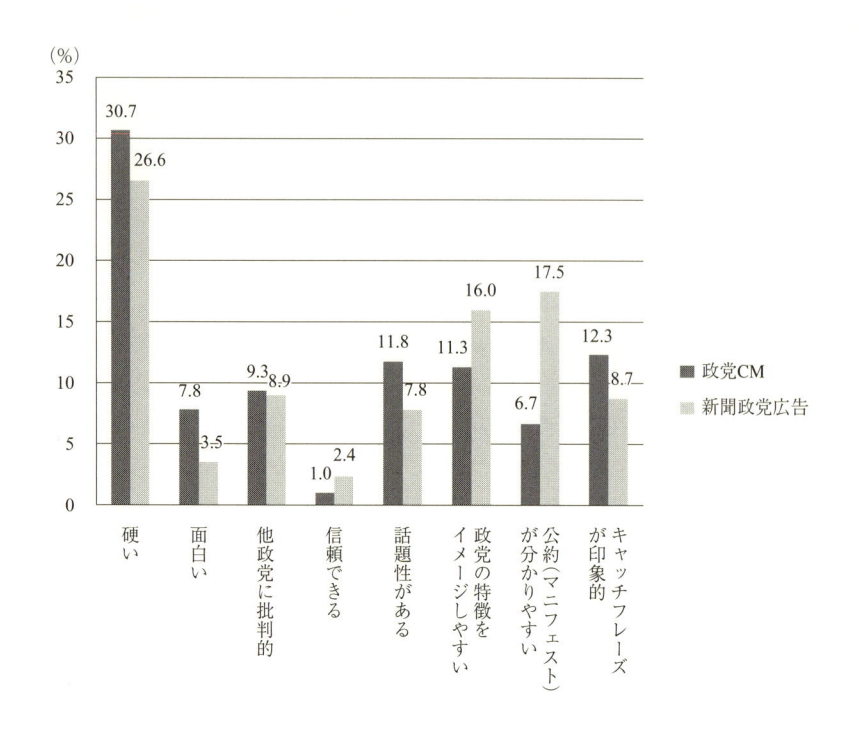

図6-3 新聞政党広告と政党CMの評価（複数回答）

注）接触経験のある回答者の評価
　新聞政党公告：n=462，政党CM：n=593

と評価されているのに対し，新聞政党広告は政党CMより「公約（マニフェスト）が分かりやすい」，「政党の特徴をイメージしやすい」と評価されており，対照的である。

　次に新聞政党公告と政党CMの接触経験のある有権者を対象に年齢層別にどのような違いがあるかを検討した。まず新聞政党広告の場合（図6-4），「他政党に批判的」，「政党の特徴をイメージしやすい」，「公約（マニフェスト）が分かりやすい」という評価は，年齢とともに高くなっていた。それに対し，若い人ほど「話題性がある」，「キャッチフレーズが印象的」と評価する傾向があった。これは，50，60代の中高年の有権者は，新聞政党広告の「政党と公約に関する情報」，30代前後の若中年の有権者は，新聞政党広告の「話題性・キャッチフレーズ」を評価していることを示す結果である。

　次に，政党CMに対しては，「政党の特徴をイメージしやすい」，「公約

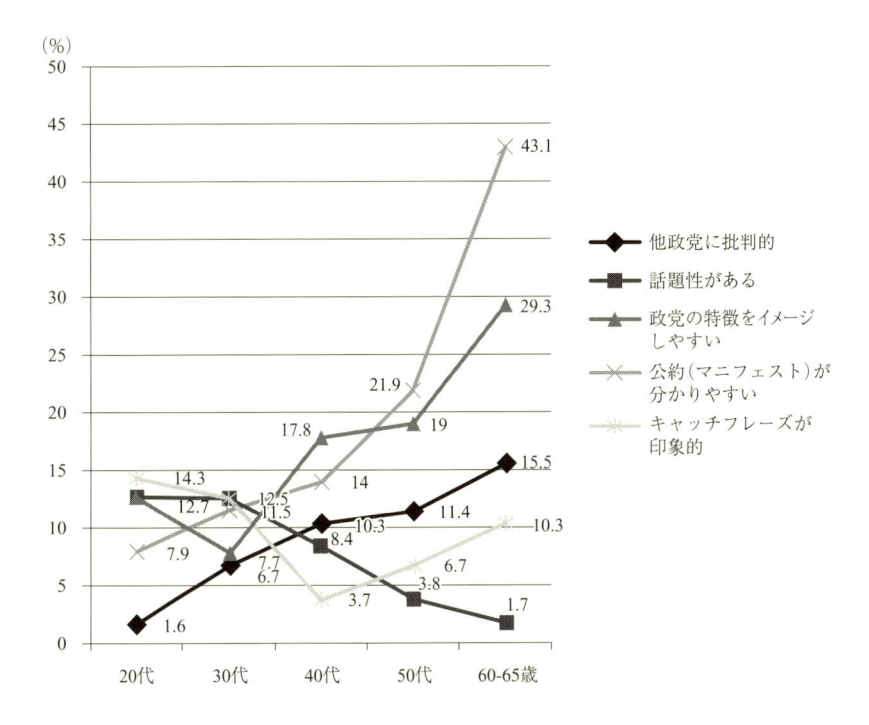

図6-4　有権者の年齢層別新聞政党広告評価（n=437。複数回答）

注）「他政党に批判的」： $\chi^2=8.713$　$df=4$　$p=.069$
　　「話題性がある」： $\chi^2=10.374$　$df=4$　$p<.05$
　　「政党の特徴をイメージしやすい」： $\chi^2=14.059$　$df=4$　$p<.001$
　　「公約（マニフェスト）が分かりやすい」： $\chi^2=33.787$　$df=4$　$p<.001$
　　「キャッチフレーズが印象的」： $\chi^2=8.207$　$df=4$　$p=.084$

（マニフェスト）が分かりやすい」という評価が年齢とともに高くなっていた（図6-5）。中高年の有権者は，新聞政党広告，政党CMともに「政党と公約に関する情報」を評価していた。男女別の分析からは，新聞政党広告と政党CMに対する評価両方とも，男女差は見られなかった。

　総じて，政治意識，政治情報源の利用と評価，政治広告への接触と評価において世代差が確認された。この結果からも今後，世代変化とともに，各政治情報源の役割や位置づけにも変化が見られることが予想される。

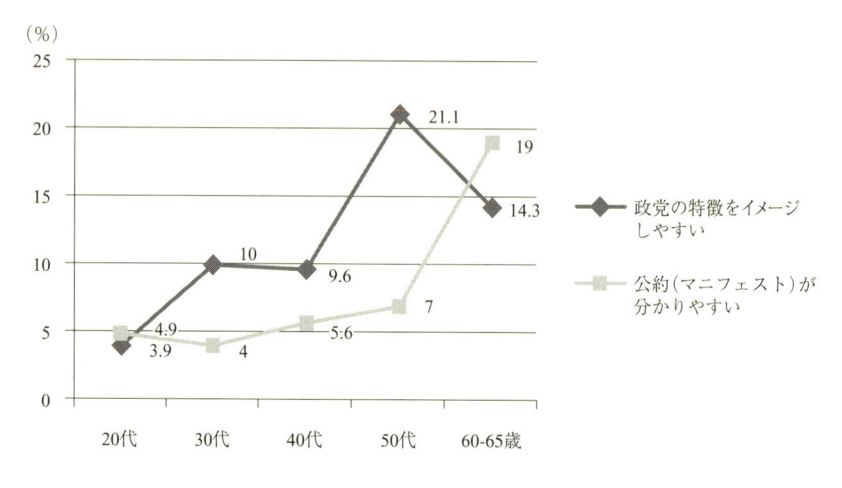

図6-5　有権者の年齢層別政党CM評価（n=554。複数回答）
注）「政党の特徴をイメージしやすい」：$\chi^2=17.163$　$df=4$　$p<.01$
　　「公約（マニフェスト）が分かりやすい」：$\chi^2=17.495$　$df=4$　$p<.01$

3．政党および候補者選択要因と情報源

　次に，政党および候補者選択要因と情報源について検討する。選挙で政党を選ぶ際に重視する要因として，
　・政党の公約（マニフェスト）
　・政党イメージ
　・党首イメージ
　・支持政党
　・その他
　・特になし
の6項目を設定し，最も重視する要因を選択してもらった（図6-6）。
　その結果，選挙で政党を選ぶ際に最も重視する要因は，「政党の公約（マニフェスト）」で，過半数を占めていた。次いで，「政党イメージ」，「支持政党」であった。本書の内容分析からは，党首を前面に出す政党広告が増えており，政党のイメージ構築戦略において党首イメージが重要な要素になってきていることが明らかにされたが，政党選択要因として「党首イメージ」を

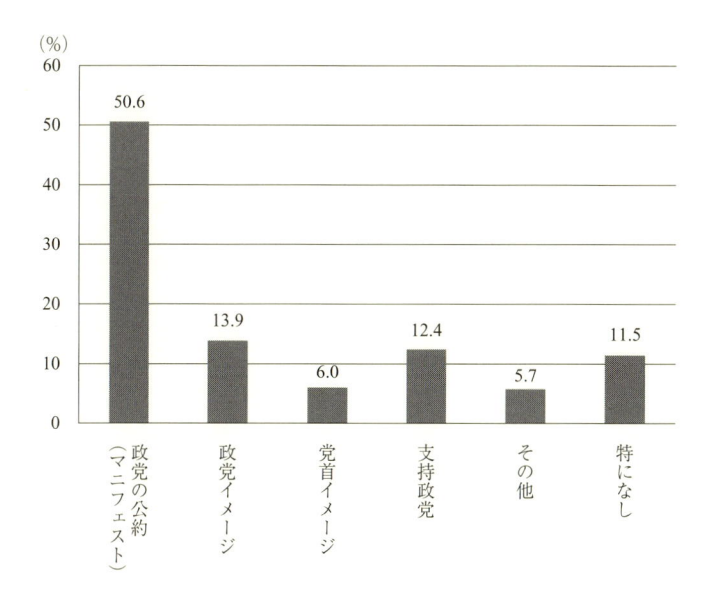

```
(%)
60
50    50.6
40
30
20
           13.9       12.4  
10              6.0        5.7   11.5
 0
   政党の公約  政党    党首   支持   その他  特に
  (マニフェスト) イメージ イメージ 政党         なし
```

図6-6　政党選択要因（n=720）

挙げた人は，全体の6.0％と少なかった。すなわち，政党選択要因として政党広告で強調される「党首イメージ」を最も重視する人は多くないようである。

次に候補者選択要因について，
・候補者の公約（マニフェスト）
・候補者の所属政党
・候補者の人柄
・候補者の経歴・能力
・その他
・特になし

を設定し，最も重視する要因を選択してもらった（図6-7）。その結果，「候補者の公約（マニフェスト）」が4割近くで最も高く，「候補者の人柄」も2.5割を占めていた。「候補者の所属政党」は，1.5割程度を占めており，40代未満は，1割前後の人が重視する要因として挙げていたが，50代以降においては2割以上の人が重視する要因として挙げていた。「候補者の経歴・能力」は1割未満と少なかった。

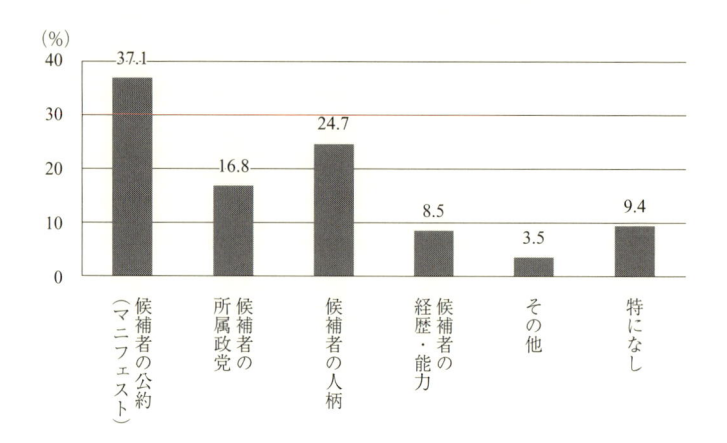

図6-7　候補者選択要因（n=720）

- 候補者の公約（マニフェスト）: 37.1
- 候補者の所属政党: 16.8
- 候補者の人柄: 24.7
- 候補者の経歴・能力: 8.5
- その他: 3.5
- 特になし: 9.4

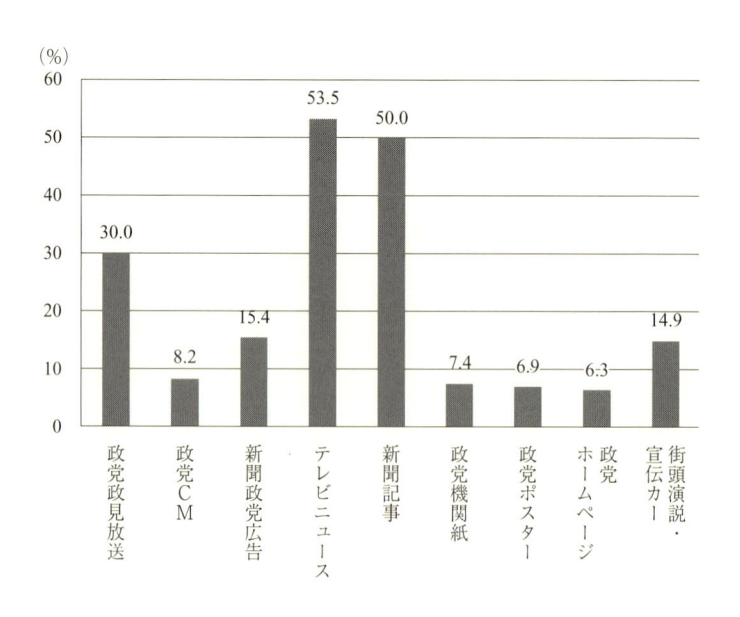

図6-8　政党選択時の情報源（n=720。複数回答）

- 政党政見放送: 30.0
- 政党CM: 8.2
- 新聞政党広告: 15.4
- テレビニュース: 53.5
- 新聞記事: 50.0
- 政党機関紙: 7.4
- 政党ポスター: 6.9
- 政党ホームページ: 6.3
- 街頭演説・宣伝カー: 14.9

注）政党ホームページ：男性8.1％＞女性4.3％，$\chi^2=4.404$ $df=1$ $p<.05$

総じて，政党，候補者選択要因とも，公約・マニフェストを挙げる人が最も多く，当然ながら，公約を有権者にいかにアピールするのかが最も重要であるといえる。
　次に，選挙で政党を選ぶ際，参考にする情報源として
　・テレビの政党政見放送（以下政党政見放送）
　・テレビ政党 CM（以下政党 CM）
　・新聞政党広告
　・テレビニュース
　・新聞記事
　・政党機関紙
　・街頭の政党ポスター
　・インターネットの政党ホームページ
　・政党・政治家による街頭演説・宣伝カー
　・その他
を挙げ，回答してもらった（図6-8）。
　その結果，やはり「テレビニュース」と「新聞記事」が最も多く，それぞれ過半数を占めていた。次いで政党政見放送も3割に上っていた。「新聞政党広告」の場合も，1.5割で，選挙情報源として一定の評価を得ているといえる。一方，「政党 CM」，「政党ホームページ」は1割に満たなかった。
　次に有権者を対象に年齢層別に政党選択時の情報源を分析した。「新聞記事」，「新聞政党広告」の場合，中高年層で参考にしたいという人が多かった。新聞記事の場合，年齢が高いほど政党選択時の情報源としての評価が高くなっていた。新聞政党広告の場合は，40代以上が2割前後で政党選択時の情報源として挙げていた。具体的に，50代が最も多く，次いで40代，60歳から65歳の順であった。テレビニュースの場合は60歳から65歳，40代，30代の順で多かった（図6-9）。
　さらに，人口学的属性と政治意識に基づいて有権者を類型化し，
　1）政治情報源の利用
　2）政党および候補者選択要因
　3）政党選択時の情報源
が，有権者の政治意識や年代などの特性によってどのように異なるかを検討

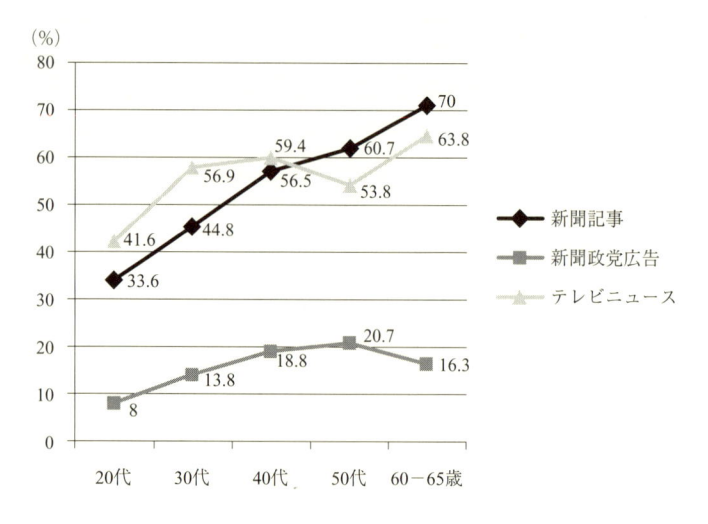

図6-9　有権者の年齢層別にみた政党選択時の情報源（n=674。複数回答）
注）新聞記事：χ^2=37.965　df=4　$p<.001$
　　新聞政党広告：χ^2=10.453　df=4　$p<.05$
　　テレビニュース：χ^2=13.722　df=4　$p=<.01$

した[2]。

まず，有権者を類型化するため，

1) 人口学的変数としては「性別」と「年代」
2) 政治意識に関する変数としては「政治的関心」，「政治報道接触度」，「投票参加度」，「支持政党あり」

を投入し，有権者674名を対象に大規模ファイルのクラスター分析を行った（表6-4）。

その結果，政治意識と性別・年代別特徴の検討から4つのクラスター（CL）に分類され，各クラスターは「中年政治低関与群」，「若中年政治高関与群」，「若年政治低関与群」，「中高年政治高関与群」と判断された。CL 1は女性，40代・50代が多く，政治関心，政治報道接触度ともに低いが投票参加度は低くない層である。CL 2は男性，20代から40代が多く，政治関心，政治報道接触度，投票参加度すべてが高い政治高関与群である。CL 3は男女が半々で，20代・30代の若年層から構成されている。政治関心，政治報道接触度，投票参加度すべてが低く，無党派層が多いのも特徴である。CL 4は男女が半々で，50代から60-65歳の中高年であり，政治関心，政治報道接

表6-4 政治意識と性別・年代による政治関与クラスター

	CL 1 中年 政治低関与群 (n=102)	CL 2 若中年 政治高関与群 (n=231)	CL 3 若年 政治低関与群 (n=157)	CL 4 中高年 政治高関与群 (n=184)
性別				
男性	31(30.4%)	141(61.0%)	74(47.1%)	100(54.3%)
女性	71(69.6%)	90(39.0%)	83(52.9%)	84(45.7%)
年代				
20代	0(.0%)	50(21.6%)	87(55.4%)	0(.0%)
30代	15(14.7%)	94(40.7%)	65(41.4%)	0(.0%)
40代	46(45.1%)	87(37.7%)	5(3.2%)	0(.0%)
50代	34(33.3%)	0(.0%)	0(.0%)	111(60.3%)
60-65歳	7(6.9%)	0(.0%)	0(.0%)	73(39.7%)
政治意識				
政治的関心	1.99(.517)	3.25(.523)	2.06(.637)	3.39(.532)
政治報道接触度	2.00(.507)	3.26(.470)	2.02(.625)	3.41(.515)
投票参加度	3.14(.965)	3.64(.524)	2.17(.999)	3.80(.449)
支持政党あり	49(48.0%)	119(51.5%)	54(34.4%)	116(63.0%)

注:「政治の関心」,「政治報道接触度」,「投票参加度」は4点尺度で,数値はM(SD),平均が高いほど肯定的評価を示す。「性別」,「年代」,「支持政党あり」の数値は人数(%)

触度,投票参加度すべて他のクラスターより高く,支持政党を持つ人が多い政治高関与群である。

これらのクラスター別に,政治情報源の利用,政党および候補者選択要因,政党選択時の情報源について検討していく。

まずクラスター別に政治情報源利用を分析した結果を表6-5に示す。クラスター間の違いが顕著だったのは,「新聞記事」,「政治討論番組」,「雑誌記事」,「インターネットのニュースサイト」である。「新聞記事」は,「若中年政治高関与群」,「中高年政治高関与群」において共通する政治情報源であった。一方,「政治討論番組」を挙げた人は,「中高年政治高関与群」で約半数で,他のクラスターと比べてとりわけ高い割合であった。それに対し,「インターネットのニュースサイト」,「雑誌記事」は「若中年政治高関与群」で他のクラスターより多く挙げられていた。すなわち,政治関心の高い層の選挙情報源において,世代差が確認された。

次に,政党選択要因をクラスター別に検討する(表6-6)。4クラスター

表6-5 クラスター別にみた政治情報源（複数回答）

	CL 1 中年 政治低関与群	CL 2 若中年 政治高関与群	CL 3 若年 政治低関与群	CL 4 中高年 政治高関与群
テレビニュース	91 89.2%	208 90.0%	134 85.4%	167 90.8%
新聞記事[*1]	60 58.8%	175 75.8%	52 33.1%	157 85.3%
民放のワイドショー・情報番組[*2]	41 40.2%	98 42.4%	45 28.7%	74 40.2%
政治討論番組[*3]	16 15.7%	66 28.6%	12 7.6%	96 52.2%
雑誌記事[*4]	2 2.0%	35 15.2%	5 3.2%	17 9.2%
周りの人との話	18 17.6%	47 20.3%	25 15.9%	25 13.6%
ニュースサイト[*5]	8 7.8%	64 27.7%	25 15.9%	19 10.3%
ブログ・掲示板	1 1.0%	12 5.2%	4 2.5%	4 2.2%
その他	0 .0%	2 .9%	2 1.3%	3 1.6%
特になし	4 3.9%	0 .0%	12 7.6%	3 1.6%

[*1] $\chi^2=118.187$ $df=3$ $p<.001$ [*2] $\chi^2=8.277$ $df=3$ $p<.05$
[*3] $\chi^2=92.921$ $df=3$ $p<.001$ [*4] $\chi^2=23.881$ $df=3$ $p<.001$
[*5] $\chi^2=30.442$ $df=3$ $p<.001$

ともに，最も重視する要因は「公約」で，「若中年政治高関与群」が6割で最も重視していた。「支持政党」を重視する人は，「中高年政治高関与群」が2割弱で他のクラスターより多かった。「政党イメージ」を重視する人は，「中年政治低関与群」と「若年政治低関与群」で政治高関与群より若干多かった。すなわち，政治に関心の低い層ほど「政党イメージ」を重視する傾向があることが確認された。政党広告で政党イメージをアピールする手法は，こうした層に最も影響する可能性を示す結果である。

次に，クラスターと候補者選択要因との関連性を検討した結果（表6-7），「候補者の公約（マニフェスト）」は，「若中年政治高関与群」が5割で最も重

表6-6　クラスター別にみた政党選択要因

	CL 1 中年 政治低関与群	CL 2 若中年 政治高関与群	CL 3 若年 政治低関与群	CL 4 中高年 政治高関与群	合計
政党の公約 （マニフェスト）	46 45.1%	141 61.0%	65 41.4%	97 52.7%	349 51.8%
政党イメージ	16 15.7%	28 12.1%	25 15.9%	23 12.5%	92 13.6%
党首イメージ	6 5.9%	12 5.2%	8 5.1%	11 6.0%	37 5.5%
支持政党	12 11.8%	30 13.0%	7 4.5%	33 17.9%	82 12.2%
その他	7 6.9%	12 5.2%	12 7.6%	7 3.8%	38 5.6%
特になし	15 14.7%	8 3.5%	40 25.5%	13 7.1%	76 11.3%
合計	102 100.0%	231 100.0%	157 100.0%	184 100.0%	674 100.0%

$\chi^2=69.623$　$df=15$　$p<.001$

表6-7　クラスター別にみた候補者選択要因

	CL 1 中年 政治低関与群	CL 2 若中年 政治高関与群	CL 3 若年 政治低関与群	CL 4 中高年 政治高関与群	合計
候補者の公約 （マニフェスト）	35 34.3%	116 50.2%	49 31.2%	55 29.9%	255 37.8%
候補者の所属政党	12 11.8%	40 17.3%	16 10.2%	47 25.5%	115 17.1%
候補者の人柄	29 28.4%	44 19.0%	38 24.2%	50 27.2%	161 23.9%
候補者の経歴・能力	9 8.8%	19 8.2%	11 7.0%	20 10.9%	59 8.8%
その他	4 3.9%	10 4.3%	5 3.2%	3 1.6%	22 3.3%
特になし	13 12.7%	2 .9%	38 24.2%	9 4.9%	62 9.2%
合計	102 100.0%	231 100.0%	157 100.0%	184 100.0%	674 100.0%

$\chi^2=97.336$　$df=15$　$p<.001$

表6-8 クラスター別にみた政党選択時の情報源（複数回答）

	CL 1 中年 政治低関与群	CL 2 若中年 政治高関与群	CL 3 若年 政治低関与群	CL 4 中高年 政治高関与群
政党政見放送[*1]	21 20.6%	77 33.3%	38 24.2%	67 36.4%
政党CM[*2]	3 2.9%	26 11.3%	10 6.4%	14 7.6%
新聞政党広告[*3]	17 16.7%	45 19.5%	9 5.7%	33 17.9%
テレビニュース	54 52.9%	124 53.7%	80 51.0%	109 59.2%
新聞記事[*4]	44 43.1%	133 57.6%	43 27.4%	126 68.5%
政党機関紙[*5]	4 3.9%	27 11.7%	2 1.3%	16 8.7%
政党ポスター	12 11.8%	12 5.2%	9 5.7%	10 5.4%
政党ホームページ[*6]	2 2.0%	25 10.8%	6 3.8%	10 5.4%
街頭演説・宣伝カー[*7]	14 13.7%	46 19.9%	12 7.6%	28 15.2%
その他	8 7.8%	19 8.2%	8 5.1%	12 6.5%
特になし[*8]	14 13.7%	9 3.9%	35 22.3%	12 6.5%

*1 $\chi^2=11.609$ $df=3$ $p<.01$ *2 $\chi^2=7.579$ $df=3$ $p=.056$
*3 $\chi^2=15.223$ $df=3$ $p<.01$ *4 $\chi^2=64.028$ $df=3$ $p<.001$
*5 $\chi^2=17.313$ $df=3$ $p<.01$ *6 $\chi^2=12.964$ $df=3$ $p<.01$
*7 $\chi^2=11.262$ $df=3$ $p<.05$ *8 $\chi^2=38.544$ $df=3$ $p<.001$

視していた反面,「候補者の所属政党」は「中高年政治高関与群」が2割強で，他のクラスターと比べて最も重視していることが明らかになった。これは，候補者の公約，すなわち「争点」に関連する要因は，「若中年政治高関与群」において最も影響するのに対し，候補者の所属政党，すなわち「支持政党」に関連する要因が，「中高年政治高関与群」において最も影響する可能性を示す結果である。

　以上の分析より，政党と候補者への投票両方とも，「争点」要因は20代か

ら40代の政治関与の高い層において，支持政党や所属政党などの「政党意識」と関連する要因は，50，60代の政治関与の高い層において影響する可能性が示された。

では，各クラスターの政党選択時の情報源にどのような違いがあるだろうか。全体的に政党選択時において最も重要な情報源は，新聞とテレビの報道であったが，クラスター間で興味深い違いが見られた。まず政党選択時の情報源として「新聞記事」，「政党政見放送」，「テレビニュース」を挙げた人は中高年政治高関与群で多かった。また全体的に人数は少なかったものの，「新聞政党広告」，「政党CM」，「政党ホームページ」，「政党機関紙」，「街頭演説・宣伝カー」を挙げた人は若中年政治高関与群で多かった（表6-8）。

これは政治関与の高い中高年層は政党選択時に新聞とテレビ報道への依存度が高く，政治関与の高い若中年層においては，新聞・テレビに加えて，政党広告や，政党ホームページのような政党媒体が一定の役割を果たしていることを示す結果である。

総じて，政党や候補者選択要因，政党選択時の情報源において年代と政治関与が影響していることが明らかになった。次章では，以上の結果と政治情報環境の多様化を踏まえ，インターネット利用者を対象に政治情報の受容について検討を行った。

―― この章のまとめ ――

　第6章では，有権者の政治情報の受容について質問紙調査により検討した。まず，政治広告への接触は，「政党CM」が最も多く，次いで「街頭の政党・政治家のポスター」，「政見放送」，「新聞政党広告」，「政党・政治家による街頭演説・宣伝カー」の順であった。

　年齢層別にみると，「新聞政党広告」，「政党機関紙」において，40代以上が40代未満より接触経験が多かった。一方，「政治家個人のホームページ」と「政党CM」は他の情報源より若い世代において接触経験が多く，対照的である。次に，新聞政党広告，政党CMの評価を比較したところ，政党CMは新聞政党広告より「話題性がある」，「キャッチフレーズが印象的」と評価されているのに対し，新聞政党広告は政党CMより「公約が分

かりやすい」,「政党をイメージしやすい」と評価されていた。新聞政党広告について，50，60代の中高年の有権者は，「政党と公約に関する情報」，30代前後の若中年の有権者は，「話題性・キャッチフレーズ」を評価していた。そして，中高年の有権者は，新聞政党広告，政党CM両方とも，「政党と公約に関する情報」を評価することが明らかになった。総じて，政治意識とともに，政治情報源の利用と評価における世代差が確認された。

　さらに，人口学的属性と政治意識に基づき有権者を「中年政治低関与群」,「若中年政治高関与群」,「若年政治低関与群」,「中高年政治高関与群」に類型化し，政党選択要因と候補者選択要因を分析したところ，政党と候補者への投票ともに，最も重視するのは「争点」要因で，とりわけ20代から40代の政治関与の高い層において影響していた。支持政党や所属政党などの「政党意識」と関連する要因の影響は，50，60代の政治関与の高い層において若干高かった。また，政党イメージ，候補者の人柄のような「イメージ」要因の影響は政治関与の低い層において若干高いことが示された。また，政治関与の高い中高年層は政党選択時に新聞とテレビ報道への依存度が高いのに対し，政治関与の高い若中年層においては新聞政党広告や政党CM，政党ホームページのような政党媒体が一定の役割を果たしていることが示された。

第7章 政治情報への接触と評価（2）：全国対象 Web 調査

　第7章では，第6章の分析結果を踏まえ，政治態度と関連する変数を追加し，また政党や候補者選択時の要因や情報源を拡大し，インターネット利用者を対象とした調査を行った。

1．研究方法

調査概要と研究課題

　本章の調査はネットリサーチのマクロミル社に委託し，実施した。モニター会員を対象に，北海道，東北，関東，中部，近畿，中国，四国，九州の8エリア，性別・年代別（20代から60代まで）の国勢調査の人口統計に基づく割当法により標本を抽出した。調査期間は，2009年1月26日から27日までで，同期間中に Web 上に調査票を掲載し，回答を集めた。回答者の男女別，年代別分布は表7-1のとおりである。地域別には，関東（32.6％），中部（17.6％），近畿（16.1％），九州（11.1％），東北（7.6％），中国（6.2％），北海道（5.1％），四国（3.8％）の順に回答者が多くなっている。
　ここでは，有権者の政治情報源利用と政治意識，政治広告に対する評価，

表7-1　回答者の男女別・年代別分布

（上段：人数）

	20代前半	20代後半	30代前半	30代後半	40代前半	40代後半	50代前半	50代後半	60代	合計
女性	43	54	59	57	57	43	67	57	106	543
	7.9%	9.9%	10.9%	10.5%	10.5%	7.9%	12.3%	10.5%	19.5%	100.0%
男性	43	58	55	64	58	43	72	50	99	542
	7.9%	10.7%	10.1%	11.8%	10.7%	7.9%	13.3%	9.2%	18.3%	100.0%
合計	86	112	114	121	115	86	139	107	205	1085
	7.9%	10.3%	10.5%	11.2%	10.6%	7.9%	12.8%	9.9%	18.9%	100.0%

政党および候補者選択要因と情報源，第三者効果を中心に検討した。研究課題は以下のとおりである。

1）テレビの政党政見放送，政党CM，新聞政党広告，政党ホームページ，候補者ポスターへの接触と評価を明らかにする。
2）政党と候補者を選ぶ際に重視する要因を明らかにする。
3）政党と候補者を選ぶ際に参考にする情報源を明らかにする。
4）政治情報の第三者効果を明らかにする。

調査項目は，
1）政治関与
2）政治的シニシズム
3）政治的有効性感覚
4）政治報道と政治広告などの政治情報源の利用と評価
5）政党選択時の情報源
6）候補者選択時の情報源
7）政党選択要因
8）候補者選択要因
9）性別，年齢，職業，学歴，居住地などの回答者の属性

である。具体的な尺度は各分析のところで示す。

回答者の政治意識と政治情報源利用の特徴[1]

まず，テレビ，新聞，雑誌，インターネット，周りの人など，回答者の普段の政治情報源利用と，性別，年齢，学歴のような人口学的属性との関連性について検討した（付録4，p.190）。

最も特徴的な結果は，年齢と政治情報源の利用度との関連であった。具体的には，年齢が高くなるにつれ，NHKのニュース・報道番組，新聞記事，NHKの政治討論番組，民放の政治討論番組から政治に関する情報を得ることが多かった。一方で，年齢が低いほどインターネットから政治情報を得ている傾向が見られた。すなわち，本調査で対象としたインターネット利用者は政治情報源として，中高年層が「NHKニュース」，「新聞」，「政治討論番組」を，若年層が「インターネット」を利用する傾向が示された。

次に，回答者の政治に対する態度と政治情報源との関連を把握するため，

次のような分析を行った。まず，政治的シニシズムは，「国会議員は，大ざっぱに言って，当選したらすぐ国民のことを考えなくなる」（安野，2003。JGSS-2001の調査項目），「政治家は信頼できない」，「政治家は政策よりも自らの利益を優先する」（Pinkleton, Austin, & Fortman（1998）に基づき作成）の3項目で構成した（5段階尺度。尺度の信頼性は付録5，p.190）。

次に，政治的有効性感覚のうち，内的有効性感覚として，「自分には政府のすることに対して，それを左右する力はない」（明るい選挙推進協会，2008），「政治や政府は複雑なので，自分には何をやっているのかよく理解できない」（安野，2003。JGSS-2001の調査項目）の2項目を，外的有効性感覚として，「我々国民の力で国の政治を左右することは難しい」，「国民の意見を世論として政治に反映させることは難しい」（両方とも山田（1990）による尺度をネガティブな表現に修正）の2項目を用いてそれぞれ5段階で測定し，これら4項目で政治的有効性感覚尺度を構成し，分析を行った（尺度の信頼性は付録5，p.190）。

また，政治関与，投票参加度，政治知識は，それぞれ「政治問題に関心があるほうだ」，「選挙の際，投票に行く」，「政治問題について知っているほうだ」を用いて，5段階で測定した。

人口学的属性と政治意識および政治的態度との相関分析を行った結果（付録5，p190），男性が女性より政治に関心が高く，政治に関する知識を持っていると自らを評価していた。年齢と政治関与，投票参加度，政治知識との間にもそれぞれ弱い正の相関が見られ，年齢が高くなるにつれ，政治関与，投票参加度，政治知識レベルも高くなることが分かった。

政治的無効感が高くなるのは，女性であること，年齢が低い，政治関与が高い，投票参加度が高い，政治知識レベルが高いことが要因となっていた。既存の研究（Austin & Pinkleton, 1995など）と同様，政治的シニシズムが高いほど，政治的無効感も強くなっていた。

第5章で述べたとおり，これまでの研究では，マス・メディアが，政治的シニシズムと政治的無効感のようなネガティブな政治的態度をもたらしていると指摘されている（Cappella & Jamieson, 1997など）。この点について分析するため，

1）従来の研究が注目してきた新聞とテレビの報道に加え，インターネッ

ト,政治討論番組や情報番組などの多様な政治情報源の利用と政治的シニシズムとの関連性

2) 政治的シニシズムと政治情報源の利用との関連性

について分析し,政治情報源利用のパターンと政治意識との関連について検討した。

まず政治情報源の利用パターンを見出すため,大規模ファイルのクラスター分析を行い,3クラスター(以下CL)を抽出した(表7-2)。3つのクラスターは「全方位政治情報高利用群」(男:54.9%,女:45.1%,年齢:M=49.1),「民放中心政治情報利用群」(男:36.7%,女:63.3%,年齢:M=39.7),「インターネット中心政治情報利用群」(男:58.8%,女:41.2%,年齢:M=40.5)に分類された。CL1はNHKの報道,政治討論番組,新聞,ニュースサイト・ブログなど,多様な情報源から政治情報を得ていた。CL2は民放の報道,民放のワイドショー・情報番組などから政治情報を得ている傾向があった。CL3は主にニュースサイト・ブログから政治情報を得ており,新聞とテレビからはあまり得ていない特徴があった。

それではこれらの政治情報源利用クラスターによって,政治意識や態度にどのような違いがあるのだろうか。ここでは,政治情報源利用クラスターと政治意識・態度との関連性を視覚的に表現するため,多重コレスポンデス

表7-2 政治情報源利用によるクラスター

	CL1 全方位 政治情報 高利用群 (n=521)	CL2 民放中心 政治情報 利用群 (n=343)	CL3 インターネット 中心政治情報 利用群 (n=221)
NHK報道	4.05 (.747)	2.56 (1.202)	2.83 (1.298)
民放報道	4.11 (.655)	4.15 (.584)	2.71 (1.103)
新聞報道	3.98 (.845)	2.66 (1.330)	2.79 (1.367)
NHK政治討論番組	3.24 (.823)	1.49 (.606)	1.53 (.691)
民放政治討論番組	3.66 (.772)	2.73 (1.216)	1.57 (.675)
民放のワイドショー・情報番組	3.49 (.886)	4.04 (.589)	1.75 (.778)
時事週刊誌・雑誌	2.85 (1.000)	1.82 (.860)	1.89 (1.062)
ニュースサイト・ブログ	3.42 (1.005)	3.28 (1.164)	3.38 (1.225)

すべて5点尺度で数値はM(SD)。

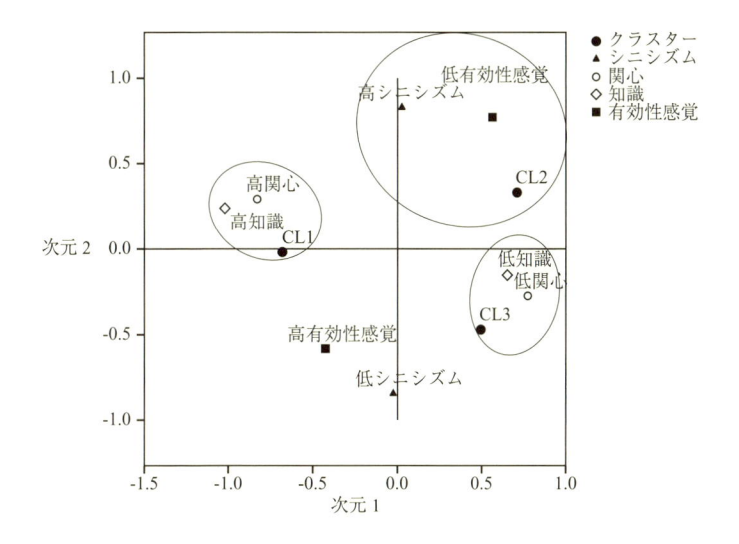

図7-1　政治情報源利用クラスターと政治態度
注）説明率：第1次元39.6%，第2次元26.9%

分析により検討する。分析のため，政治的シニシズムと政治的有効性感覚はそれぞれ中央値を基準に2分割し，政治関心，政治知識は3点までを低群，4・5点を高群に分割し，多重コレスポンデンス分析を行った。

　その結果，全方位政治情報高利用群（CL1）の近くには「高関心」と「高知識」が，インターネット中心政治情報利用群（CL3）の近くには「低関心」と「低知識」が布置していた。民放中心政治情報利用群（CL2）の近くには「低有効性感覚」と「高シニシズム」が布置していた（図7-1）。このことから，政治態度は「民放中心政治情報利用群」において最も否定的であるといえる。谷口（2002）も明らかにしているように，民放はNHKより戦略型フレームを多用している傾向があり，こうした民放を中心とした政治関連番組の視聴が，政治的シニシズムと無効感をもたらしている可能性を示している。

2．政治広告に対する評価

　ここでは，政治広告の評価に関する分析結果を述べる。政治広告の評価に

については，自由記述でも回答を求めたが，その結果は第9章で検討する。

まず，政党広告の媒体として，
1）新聞政党広告
2）テレビ政党 CM（以下政党 CM）
3）テレビ政党政見放送（以下政党政見放送）
4）政党ホームページ

を，候補者広告の媒体として候補者ポスターを取り上げ，接触経験のある回答者に，「政党の政策や主張を知る上で参考になる」，「政党の公約・マニフェストが分かりやすい」，「政党をイメージしやすい」の3項目に対し，5段階で評定するよう求めた。候補者ポスターのみ，「候補者の名前を覚えるのに役に立つ」という項目についても5段階で回答してもらった。

まず各情報源への接触経験のある人は，候補者ポスターが最も多く（95.7%），政党 CM も9割である（90.1%）。政党政見放送と新聞政党広告は，6割ほどの人が見たことがあると答えていた（それぞれ65.4%，63.1%）。政党ホームページを見たことのある人は Web 調査であるにもかかわらず12.0%と少なかった。

「政党の政策や主張を知る上で参考になる」，「政党の公約・マニフェストが分かりやすい」，「政党をイメージしやすい」という項目に対し，「ややそう思う」，「まったくそう思う」と回答した人の割合を図7-2に示す。

すべての評価が最も高いのは，政党ホームページで，6割前後の人が，「政党の政策や主張を知る上で参考になる」，「政党の公約・マニフェストが分かりやすい」，「政党をイメージしやすい」という項目に対して肯定的な評価をしていた。政党ホームページの評価が高いのは，インターネット利用者を対象にしたためであろう。政党政見放送の場合は，「政党の政策や主張を知る上で参考になる」という評価に対し，6割ほどの人が，「政党をイメージしやすい」，「政党の公約・マニフェストが分かりやすい」という評価に対しては4割強の人が肯定的に評価していた。新聞政党広告の場合，3つの項目において4割前後の人が肯定的な評価をしていた。一方，政党 CM は，肯定的に評価している人が2割前後で最も少なかった。

政党ホームページに対する肯定的評価と政党 CM に対する否定的評価は，政治情報の知覚的効果を測定した結果からも示されている。新聞政党広告，

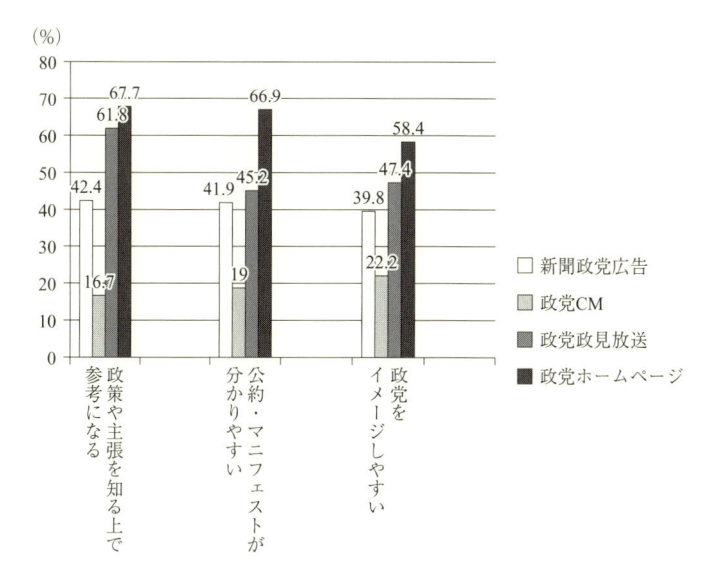

図7-2 政党広告に対する評価
注）接触経験のある回答者の評価。
新聞政党広告：n=685（全体の63.1％），政党CM：n=978（90.1％），政党政見放送：n=710（65.4％），政党ホームページ：n=130（12.0％）
「ややそう思う」，「まったくそう思う」と答えた人のパーセント

　政党CM，政党政見放送，政党ホームページの自分に対する影響と他者に対する影響を見るため，それぞれの項目に対し「ややそう思う」，「まったくそう思う」と回答した人の割合を検討した（図7-3）。政党CMの影響については，自分に影響するという人が6.1％であったのに対し，他者に影響すると答えた人が25.1％で最もその差が大きくなっている。一方，政党ホームページの場合は，自分に影響すると答えた人と他者に影響すると答えた人の差はほとんどなく，4割弱の人が自分と他者に対し影響するだろうと知覚していた。

　候補者ポスターの場合は，「ややそう思う」，「まったくそう思う」を合わせると，回答者の8割弱の人が「候補者の名前を覚えるのに役立つ」と評価していた。「候補者をイメージしやすい」という回答も5割近くに上る。しかし，「候補者の政策や主張を知る上で参考になる」，「候補者の公約・マニフェストが分かりやすい」はいずれも1割と少ない。また，候補者ポスターが自分に影響すると答えた人は1割，他者に影響すると答えた人は2割と少

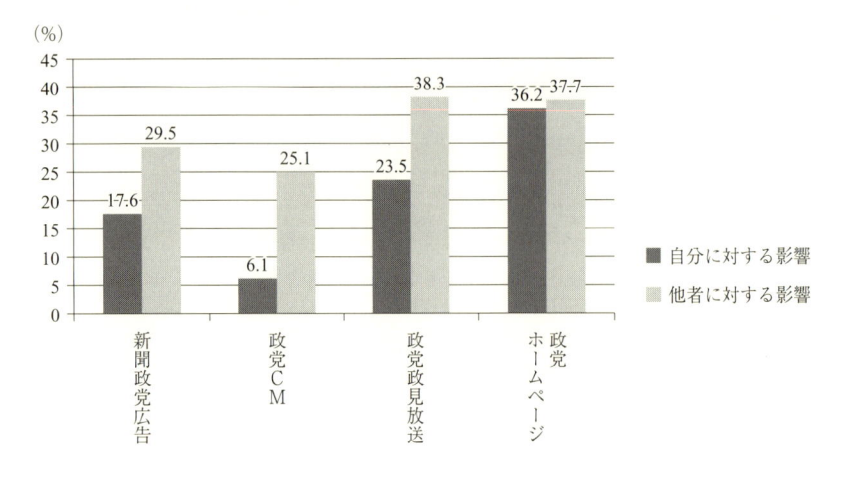

図7-3　政党広告の知覚的効果
注）接触経験のある回答者の評価。
「ややそう思う」、「まったくそう思う」と答えた人のパーセント

新聞政党広告：自分に対する影響 17.6、他者に対する影響 29.5
政党CM：自分に対する影響 6.1、他者に対する影響 25.1
政党政見放送：自分に対する影響 23.5、他者に対する影響 38.3
政党ホームページ：自分に対する影響 36.2、他者に対する影響 37.7

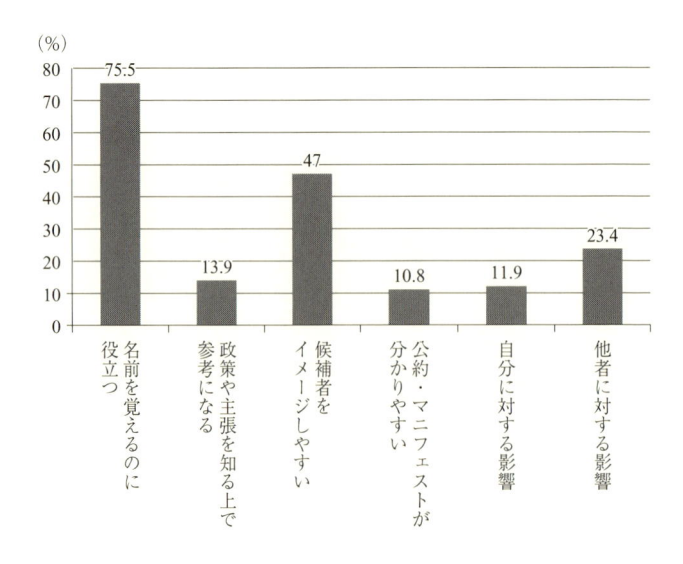

図7-4　候補者ポスターに関する評価
注）接触経験のある回答者の評価（n=1038、全体の95.7%）。
「ややそう思う」、「まったくそう思う」と答えた人のパーセント

名前を覚えるのに役立つ：75.5
政策や主張を知る上で参考になる：13.9
候補者をイメージしやすい：47
公約・マニフェストが分かりやすい：10.8
自分に対する影響：11.9
他者に対する影響：23.4

表 7-3 男女別にみた政治広告に対する評価（t 検定）

	新聞政党広告		政党 CM		政党政見放送		政党ホームページ		候補者ポスター	
	男 n=354	女 n=331	男 n=492	女 n=486	男 n=367	女 n=343	男 n=92	女 n=38	男 n=512	女 n=526
政策参考	3.06 (1.06)	3.15 (.94)	2.33 (1.02)	2.50 (.95)	3.44 (1.07)	3.47 (.88)	3.70 (.96)	3.79 (.84)	2.23 (.94)	2.59 (.95)
政党(または候補者)をイメージしやすい	3.02 (1.05)	3.17 (.87)	2.46 (1.07)	2.63 (1.00)	3.19 (1.02)	3.26 (.91)	3.53 (.91)	3.63 (.88)	2.98 (1.13)	3.38 (1.02)
公約が分かりやすい	3.07 (1.07)	3.19 (.95)	2.41 (1.06)	2.55 (.97)	3.12 (1.01)	3.26 (.91)	3.70 (.85)	3.71 (.96)	2.16 (.93)	2.49 (.93)

注)・新聞政党広告:「政党をイメージしやすい」$t=-1.955$ $df=673.658$ $p=.051$
・政党 CM:「政党の政策や主張を知る上で参考になる」$t=-2.783$ $df=976$ $p<.01$
　「政党をイメージしやすい」$t=-2.694$ $df=976$ $p<.01$
　「政党の公約・マニフェストが分かりやすい」$t=-2.137$ $df=971.039$ $p<.05$
・政党政見放送:「政党の公約・マニフェストが分かりやすい」$t=-1.894$ $df=708$ $p=.059$
・候補者ポスター:「政党の政策や主張を知る上で参考になる」$t=-6.145$ $df=1036$ $p<.001$
　「候補者をイメージしやすい」$t=-6.086$ $df=1036$ $p<.001$
　「政党の公約・マニフェストが分かりやすい」$t=-5.799$ $df=1036$ $p<.001$

なかった（図 7-4）。

　選挙ポスターから，政策や公約などの情報を得ることは少なく，名前や顔を覚える手段としては一定の役割を果たしていることを示す結果である。
　次に，男女別に，政治広告に対する評価を分析した。その結果を表 7-3 に示す。概ね，女性が男性より，ポジティブな評価をしていることが分かった。まず新聞政党広告については，女性が男性より「政党をイメージしやすい」と評価する傾向があった。政党 CM は全体的に評価が低く，男性が女性よりさらに評価が低かった。政党政見放送の場合は，「政党の公約・マニフェストが分かりやすい」という評価において女性が男性より評価が高かった。候補者ポスターの場合も女性が男性より肯定的に評価していた。政党ホームページの場合は，男女差は見られなかった。

3．政党および候補者選択要因

　前述した第6章の調査では，年齢による政党と候補者選択要因の違いが見られたが，ここでは選択要因を追加し，さらなる分析を行った。政党選択要因としては，
　・政党の公約・マニフェスト
　・政党イメージ
　・党首イメージ
　・支持政党
　・政権担当能力
　・政党のこれまでの実績
の6項目を挙げ，「まったく重視しない」から「大変重視する」の5段階で測定した。

　候補者選択要因としては，
　・候補者の公約・マニフェスト
　・候補者の所属政党
　・候補者の人柄
　・候補者の経歴・能力
　・候補者のこれまでの実績
の5項目を挙げ，「まったく重視しない」から「大変重視する」の5段階で測定した。

　その結果，政党選択要因の中で，「やや重視する」，「大変重視する」と答えた人が最も多かったのは，「政権担当能力」で（65.3％），その次が「政党の公約」（63.7％），「これまでの実績」（55.9％）の順であった。次に，候補者選択要因の場合は，「候補者の人柄」（70.3％），「候補者の公約」（66.4％），「候補者の実績」（63.7％）の順であった。すなわち，政党の場合は，イメージよりは，争点や実績，能力などがより重視されていた。候補者の場合も公約と実績が重視されているが，人柄・イメージを重要な要因として挙げている人も多かった。

　次に，政党と候補者選択要因と人口学的属性との関連について検討した。

弱い相関ではあったが，年齢が上がるにつれ，支持政党，政党実績を重視する傾向があった。候補者選択要因と性別，年齢との関連性は見られなかった。

4．政党および候補者選択時の情報源

　第6章の調査でも，選挙で政党を選ぶ際，参考にする情報源について検討したが，本章の調査では情報源を拡大し，より詳細に検討するとともに，候補者を選ぶ際に，参考にする情報源についても分析を試みた。政党選択時の情報源としては，
　・テレビ政党政見放送（以下政党政見放送）
　・NHKのニュース・報道番組
　・民放のニュース・報道番組
　・テレビ政党CM（以下政党CM）
　・新聞記事
　・新聞政党広告
　・インターネットの政党ホームページ
　・政党のビラ・マニフェスト
　・街頭の政党ポスター
　・政党による街頭演説・宣伝カー
　・周りの人の話
　・政党機関紙
　・選挙公報
を挙げ，5段階で測定した（図7-5）。候補者選択時の情報源としては
　・新聞候補者広告
　・テレビの候補者経歴放送
　・候補者のホームページ・ブログ
　・街頭の候補者ポスター
　・候補者の街頭演説・宣伝カー
　・周りの人の話
　・選挙公報
を挙げ，5段階で測定した（図7-6）。

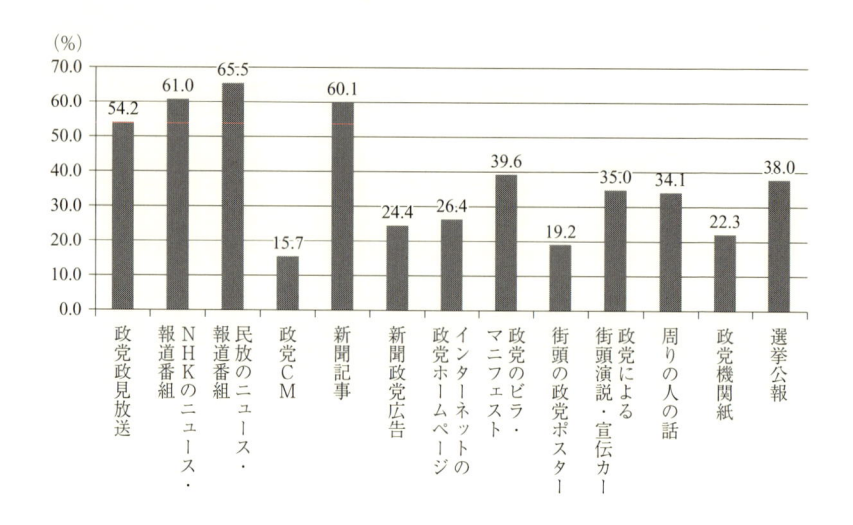

図7-5　政党選択時の情報源
注)「やや参考になると思う」,「大変参考になると思う」と答えた人のパーセント

政党政見放送 54.2
民放のニュース・報道番組 61.0
NHKのニュース・報道番組 65.5
政党CM 15.7
新聞記事 60.1
新聞政党広告 24.4
インターネットの政党ホームページ 26.4
政党のビラ・マニフェスト 39.6
街頭の政党ポスター 19.2
政党による街頭演説・宣伝カー 35.0
周りの人の話 34.1
政党機関紙 22.3
選挙公報 38.0

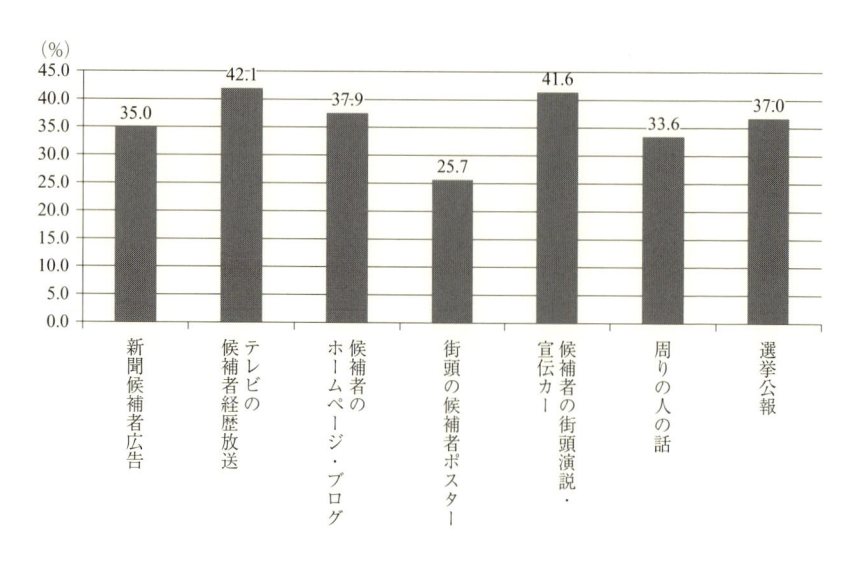

図7-6　候補者選択時の情報源
注)「やや参考になると思う」,「大変参考になると思う」と答えた人のパーセント

新聞候補者広告 35.0
テレビの候補者経歴放送 42.1
候補者のホームページ・ブログ 37.9
街頭の候補者ポスター 25.7
候補者の街頭演説・宣伝カー 41.6
周りの人の話 33.6
選挙公報 37.0

まず，政党選択時の情報源に対して，「やや参考になると思う」，「大変参考になると思う」と評価した人は，「民放のニュース・報道番組」が最も多く，次に「NHK のニュース・報道番組」，「新聞記事」で，やはりマス・メディアの報道を参考にすると答えた人が多かった。政党側の選挙キャンペーン媒体の中では，「政党政見放送」が半数ほどで最も多く，次に「政党のビラ・マニフェスト」，「選挙公報」，「政党による街頭演説・宣伝カー」の順であった。「周りの人の話」を参考にすると回答した人の割合も評価の高かった政党側の選挙キャンペーン媒体と近い。「政党ホームページ」，「新聞政党広告」，「街頭の政党ポスター」の場合は，それぞれ 2 割ほどで，政党側の選挙キャンペーン媒体の中で「政党機関紙」と同じほどの評価を得ていたが，「政党 CM」は 1 割ほどで評価が低かった（図 7-5）。

　これは，政党選択において「広告」より「報道」，「マス媒体による広告キャンペーン」より「政党側媒体によるキャンペーン」の影響力がより大きいことを示す結果である。

　次に，候補者については，「テレビの候補者経歴放送」，「候補者の街頭演説・宣伝カー」が参考になると評価する人が 4 割ほどで最も多く，その次は「候補者のホームページ・ブログ」，「選挙公報」，「新聞候補者広告」，「周りの人の話」の順で，「街頭の候補者ポスター」が最も評価が低かった（図 7-6）。

　次に，政党選択時の情報源と，候補者選択時の情報源の構造を見るため，それぞれ因子分析（主成分解，バリマックス回転）を行った（付録 6，p.191）。その結果，候補者選択時の情報源は 1 因子として抽出された。政党選択時の情報源については，因子構造を検討し，最終的に第 4 因子を抽出した。

　第 1 因子は，政党機関紙，選挙公報，政党ビラ・マニフェスト，政党ホームページの因子負荷量が高く，「政党媒体広告」と解釈できる。第 2 因子は，民放や NHK のニュースや報道番組，新聞記事，政党政見放送において因子負荷量が高かったため，「メディア報道・政見放送」と命名した。第 3 因子は，政党 CM，新聞政党広告，政党ポスターにおいて因子負荷量が高く，「マス媒体政党広告」とした。第 4 因子は周りの人の話，街頭演説・宣伝カーで因子負荷量が高く，「直接コミュニケーション」と解釈した。次の分析からは，この因子分析から得られた因子得点を各因子の尺度得点とした。

次に政党選択時の情報源と人口学的属性，政治関与，政治知識との関連性について分析した結果，とりわけ政治関与，政治知識との関連性が見られた（付録7，p.191）。政治関与が高いほど，「政党媒体広告」，「メディア報道・政見放送」を参考にしていた。同様に政治知識レベルが高いほど，「政党媒体広告」，「メディア報道・政見放送」を参考にすると答えていた。いずれの結果も，政治関与や知識レベルが高いほど，政党側の媒体を重視する傾向があることを示している。

次に候補者選択時の情報源と人口学的属性，政治意識との関連を分析した結果，とりわけ政治意識と選挙公報の利用の間に関連性がみられた（付録8，p.191）。すなわち，政治関与と投票参加度が高いほど，また政治知識レベルが高いほど，選挙公報を参考にすると答えていたのである。政治関心と知識レベルの高い層において，選挙時の候補者選挙公報が重要な役割を果たしていることが明らかになった。

5．政治情報の第三者効果[2]

次に，新聞政党広告，政党CM，政党政見放送，政党ホームページ，候補者ポスター，新聞とテレビ政治報道の第三者効果を検討するため，それぞれ自分に対する影響と，人々に対する影響を測定した（これらの反応に対し，paired-t検定を行った結果を付録9，p.192に示す）。

分析の結果，すべての政治情報源において第三者効果が確認された。第三者効果が最も高かった情報源は政党CMで，最も低かった情報源は政党ホームページであった。このような結果には情報源の信頼性が影響している可能性が高く，政党ホームページの第三者効果が最も低かったのは，インターネット利用者を調査対象としたためであると考えられる。

それでは，このような第三者効果にはどのような要因が影響しているだろうか（第三者効果の規定因を明らかにするため，各情報源の第三者効果を基準変数とし，性別，年齢，学歴，政治知識を説明変数とする重回帰分析を行った結果を付録10，p.192に示す）。

その結果，全体的に男性の方で第三者効果が強く，自分自身は政治報道と広告に影響されないと知覚していた。また，政治知識レベルの高い人ほど，

政党 CM の他者に対する影響をより強く知覚していた。そして教育水準の高い人ほど，政治報道が他者により強く影響すると知覚していた。年齢に関しては，年齢が高い人ほど，他の人の方が政党政見放送に影響されると知覚する第三者効果が確認された。

　総じて，政治に関する報道的情報と広告的情報の第三者効果，すなわち自分自身より，他者に関する影響をより大きく知覚する政治情報の知覚的効果が確認され，性別と政治知識が政治広告の第三者効果の主な規定因であることが分かった。本書では，第三者効果の行動的効果に関する検討はできなかったが，選挙時の政治広告の特徴と政治広告の知覚的効果が，有権者の政治意識や行動に与える影響について検討する必要がある。すなわち，政治広告が自分には影響しないが，他の人には影響するという知覚，すなわち政治広告のような望ましくない情報に影響される「彼ら」が政治に影響を与えることができるという知覚（知覚的効果）が，政治に対する無力感，シニシズムのようなネガティブな態度を形成させ，政治参加を低減させる可能性（行動的効果）があり，政治広告の効果の検討において，こうした知覚的効果に注目していく必要がある。次章では，政治広告の知覚的効果が，政治広告のどのような側面からもたらされているかという点についても検討を行った。

この章のまとめ

　第7章では第6章の首都圏対象の質問紙調査の結果と政治情報環境の多様化を踏まえ，全国のインターネット利用者を対象に政治情報の受容について検討を行った。まず，政治情報源として，中高年層は「NHK ニュース」，「新聞」，「政治討論番組」，若年層は「インターネット」の利用が他の年齢層より多く，政治情報源の利用における世代差が確認された。これまでの研究で，マス・メディアが，政治的シニシズムのようなネガティブな政治的態度をもたらしていることが指摘されている。情報源利用の特徴より，回答者を「全方位政治情報高利用群」，「民放中心政治情報利用群」，「インターネット中心政治情報利用群」に類型化し，政治態度との関連を検討した結果からは，政治情報源の利用パターンと政治態度との関連が見られ，政治態度は「民放中心政治情報利用群」において最も否定的である

ことが分かった。政治広告の評価としては，政党ホームページに対する肯定的評価と政党 CM に対する否定的評価が目立つ。また，政党選択時の情報源と人口学的属性，政治意識との関連性について分析した結果，政治関与や知識レベルが高いほど，政党側の媒体を重視していることが示された。また，自分より他者への影響を大きく知覚する政治広告の第三者効果が確認され，こうした知覚的効果が政治意識や行動に及ぼす影響についてより注目していく必要があることが示された。

第8章　政治広告の効果

　第8章では，政治広告の効果について探索的研究を試みた。媒体の影響力と質問紙調査およびWeb調査の結果を踏まえ，多くの人が接触していること，媒体の特徴から多様な反応が予想されることを考慮し，テレビの政党CMを取り上げ，政党CMに対する反応とその効果について実験を通して検討した。

1．政党CMに対する反応の構造

予備調査

　まず，政党CMに対する反応尺度を構成するため，大学生59名（男：17人，女：42人）を対象とした予備調査を行った。調査では，政党CMに対する反応を自由記述形式で回答してもらった。調査実施日は，2009年1月9日である。呈示刺激としては第2章の政党CMの内容分析結果に基づいて，争点広告とイメージ広告，ポジティブ広告とネガティブ広告，アピール，与野党の比率などを考慮し，6本の政党CMを選定した。

　自由記述の内容を検討した結果，「インパクト」，「メッセージ性」，「抽象性」，「娯楽性」，「差別性」，「社会批判性」，「信頼性」，「CM批判」，「その他」に分類できた。具体的な反応は表8－1に示すとおりである。実験では，政党CM反応尺度を作成する際に，各カテゴリーの主な反応が含まれるようにした。

本実験の手続きと政党CM反応尺度の構成

　本実験は，3人から8人のグループで，2009年1月中旬から下旬にかけて計5回実施した（実施日：1月14日，19日，26日，27日，29日）。被験者は，予備調査とは異なる大学生男女30人である（男：13人，女：17人，年齢：M=21.7, SD=.94）。実験はインストラクション，政党CMの視聴と測定，政治意識と

表8-1 政党 CM に対する反応：自由記述の分類と反応内容

【インパクト】 　インパクト，印象に残る（残らない），目を引く，心に残る，心に響く
【メッセージ性】 　主張・政策が伝わる，政党のイメージ・理念がつかみやすい 　分かりやすい，メッセージが明確 　政党のコンセプトが伝わる，多くの人々に伝わる 　具体例を出している 　誰にでも理解できるような単純なスローガンを掲げている 　視覚で分かる
【抽象性】 　漠然としている，何がしたいのか伝わってこない 　政党の明確なプランが伝わってこない 　政策が伝わってこない，問題を指摘しているだけである 　抽象的である，あいまい 　具体的なことが分からない，詳しくない 　キーワードを列挙しているだけ
【娯楽性】 　ふざけている，見ていて面白い（つまらない） 　娯楽性の高い，興味・関心を引く
【差別性】 　他の政党との違いが分からない・はっきりしない，他と似ている 　一般的な政党 CM という感じがしない，政党 CM にしては新鮮 　いつもの政党 CM のイメージと違う
【社会批判性】 　社会問題を挙げている 　見る人の不安をあおる，不安要素を並べるだけ
【信頼性】 　真剣，誠実，安心感がある，前向きな，硬い，まじめ，温かい 　信用できない，嘘っぽい，わざとらしい，真面目すぎる
【CM 批判】 　政策やうたっていることが現実のものにはならない 　政治に反映されることはない
【その他】 　党首のイメージを全面的にアピールしている 　国民に語りかけている 　押しつけがましい，ストレートである，直接的すぎる 　自信にあふれている，幸せをうたっている，時代遅れ

基本属性の測定の順で行った。想起度の測定では，CM 1本につき制限時間3分とした。各グループの実験所要時間は，1時間程度であった。本実験の手続きを表8-2に示す。

呈示刺激は，前述したように，第2章の政党CMの内容分析結果に基づいて選定された6本の政党CMを用いて予備調査を実施し，多様な反応が得られたことを確認したうえで，すべて呈示刺激として用いた。本実験では，呈示刺激となった政党CMをグループごとにランダムに呈示し，呈示順序による影響を統制した。

分析単位は政党CMに対する反応とした。事前接触の影響を統制するため，視聴経験のある政党CMに対する被験者の反応は分析から除外し，事前接触の経験のない政党CMに対する反応として最終的に計110ケースが分析対象となった。

政党CMに対する反応尺度は，前述した予備調査の結果と，先行研究のレビューと内容分析の結果に基づいた政治広告の特徴を踏まえ，24項目で構成した。これらの尺度に対する反応の因子分析（主成分解，バリマックス回転）の結果，5因子が抽出された（付録11，p.193）。

第1因子は，「政党CMにしては新鮮」，「見ていて面白い」などの項目において因子負荷量が高くなっており，「娯楽性」因子と解釈した。第2因子は，「具体的なことが分からない」，「漠然としている」，「曖昧である」などの項目で高い因子負荷量を見せていたため，「抽象性」因子と命名した。第3因子は，「批判的である」，「他政党を批判しているところがある」などの項目の因子負荷量が高く，「攻撃性」因子と解釈した。第4因子は「信用で

表8-2　本実験の手続き

実験	人数 n=30	【インストラクション】→	【政党CM視聴と測定】	→	【政治意識・基本属性測定】
1回	8	【インストラクション】→	【A→B→C（休憩）D→E→F】	→	【政治意識・基本属性等】
2回	6	【インストラクション】→	【D→C→F（休憩）A→E→B】	→	【政治意識・基本属性等】
3回	6	【インストラクション】→	【B→F→E（休憩）A→D→C】	→	【政治意識・基本属性等】
4回	3	【インストラクション】→	【C→D→A（休憩）F→B→E】	→	【政治意識・基本属性等】
5回	7	【インストラクション】→	【E→C→A（休憩）D→B→F】	→	【政治意識・基本属性等】

注）刺激：政党CM，A～Fの6本

きる」,「安心感がある」,「真面目である」などにおいて因子負荷量が高く,「信頼性」因子とした。第5因子は,「政党のイメージや理念が分かりやすい」,「政党の主張や政策が伝わる」,「伝えようとしているメッセージが明確である」などの因子負荷量が高かったため,「メッセージ性」因子と命名した。

以上,政党 CM に対する反応として「娯楽性」,「抽象性」,「攻撃性」,「信頼性」,「メッセージ性」が確認された。以降の分析では,この因子分析から得られた因子得点を各因子の尺度得点とした。

2．政党 CM の効果

変数の測定

政治的シニシズムは,「国会議員は,大ざっぱに言って,当選したらすぐ国民のことを考えなくなる」(安野,2001。JGSS-2001の調査項目),「政治家は信頼できない」,「政治家は政策よりも自らの利益を優先する」(Pinkleton, Austin, & Fortman（1998）に基づき作成）の3項目を用いてそれぞれ5段階で測定し,これら3項目で尺度を構成した。次に政治的無効感については,「自分には政府のすることに対して,それを左右する力はない」(明るい選挙推進協会,2008),「我々国民の力で国の政治を左右することは難しい」,「国民の意見を世論として政治に反映させることは難しい」(両方とも山田（1990）による尺度のポジティブな表現をネガティブ表現に修正）の3項目を用いてそれぞれ5段階で測定し,これら3項目で尺度を構成した。広告態度は「このCM はいい」,「この CM が好きだ」,「この CM には好感が持てる」の3項目を用いてそれぞれ5段階で測定し,これら3項目で尺度を構成した（尺度の信頼性は付録12, p.194）。政治関心は「政治に関心がある方だ」,注目度は「目を引く」,政党 CM の望ましさ評価は「政党 CM として望ましい内容だと思う」,話題性は「この CM について他の人に話したい」,非実現性は「この CM で訴えていることが実現されることはない」,自分に対する CM の影響は「私はこの CM を見て,この政党に対する態度がよくなると思う」,他者に対する CM の影響は「人々はこの CM を見て,この政党に対する態度がよくなると思う」という項目を用いてそれぞれ5段階で測定した。

分析結果

　政党CMに対する反応によってその効果はどのように異なるだろうか（注目度，広告態度，政党CMの望ましさ評価，話題性，非実現性を基準変数とする重回帰分析を行った。付録12，p.194）。

　まず娯楽性，信頼性，メッセージ性評価が高いほど，広告態度が好意的になるのに対し，抽象性，攻撃性評価が高いほど，広告態度が非好意的になっていた。また娯楽性，メッセージ性評価が高いほど，政党CMに注目していた。そして信頼性，メッセージ性評価が高いほど，政党CMとして望ましいと評価していたのに対し，娯楽性，抽象性評価が高いほど，政党CMとして望ましくないと評価していた。さらに政党CMの攻撃性知覚により，CMでの主張の実現可能性が低いと評価していた。それに対し，メッセージ性評価により，CMでの主張の実現可能性が高いと評価していた。

　次に，政党CMの第三者効果に対する影響について分析を行った（性別，政治関心，政治的シニシズム，政治的無効感，政党CMに対する娯楽性，抽象性，攻撃性，信頼性，メッセージ性評価を説明変数とし，政党CMの自分への影響，政党CMの他者への影響，政党CMの第三者効果を基準変数とする重回帰分析を行った。付録13，p.194）。

　その結果，娯楽性，信頼性，メッセージ性評価が高いほど，自分の政党態度に影響すると知覚していた。一方，抽象性，攻撃性評価が高いほど，自分の政党態度には影響しないと知覚することが確認された。また，信頼性，メッセージ性評価が高いほど，他者の政党態度に影響すると知覚していた反面，抽象性，攻撃性が高いほど，他者の政党態度に影響しないと知覚していた。

　すなわち，政党CMに対するポジティブ評価，すなわち信頼性とメッセージ性評価により政党CMが自分と他者に影響すると知覚している半面，政党CMに対するネガティブ評価，すなわち抽象性と攻撃性評価により政党CMが自分と他者に影響しないと知覚することが明らかになった。娯楽性評価により政党CMが自分に影響すると知覚する傾向があったのは，本実験が若い世代を対象としたためである可能性が高い。

　次に，政党CMの第三者効果を検討する。第三者効果は，他者に対する影響から自分に対する影響を引いた値である。自分に対する政党CMの影

表8-3 政党CMに対する反応とその効果：分析結果の概要

政党CMに対する反応	政党CMの効果
娯楽性（＋）　メッセージ性（＋）	注目度
娯楽性（＋）　信頼性（＋）　メッセージ性（＋） 抽象性（－）　攻撃性（－）	広告態度
信頼性（＋）　メッセージ性（＋）　娯楽性（－） 抽象性（－）	広告の望ましさ評価
娯楽性（＋）　攻撃性（＋）	話題性
攻撃性（＋）　メッセージ性（－）	非実現性
攻撃性（＋）	第三者効果

響より，他者に対する影響をより強く知覚する効果は，攻撃性のみ有意な結果が得られた。すなわち，政党 CM の攻撃性によって，自分より他者の政党態度に対する政党 CM の影響をより大きく知覚する第三者効果が確認された。

さらに，政党 CM は自分よりも他者により影響するという知覚が，政治的無効感のような政治に対するネガティブな反応によってもたらされる可能性が示された。

興味深い結果が得られた「娯楽性」と「攻撃性」を中心に，分析結果をまとめる（分析結果の概要は表8-3参照）。

まず予想どおり，「信頼性」，「メッセージ性」が高いほど，政党 CM に対する態度が好意的になり，政党 CM を望ましいと評価していた。また「娯楽性」と「メッセージ性」が高いほど，政党 CM に注目していた。さらに「娯楽性」と「攻撃性」が高いほど，「話題性」も高くなることが明らかになった。

そして，「攻撃性」が，自分より他者への影響を大きく知覚する第三者効果をもたらしていることが分かった。すなわち，自分は政党 CM の攻撃性に影響されないが，他の人は影響される可能性があるという判断である。

また，「攻撃性」により，政党 CM の主張どおり実現できる可能性は低いと判断する傾向が見られた。政党 CM の攻撃性が第三者効果的知覚と高い非実現性評価をもたらしているという結果は，メディアの政治「報道」だけでなく，政治「広告」も政治に対するネガティブな態度を助長していること

を示すものである。

　次にこれらの政党CMに対する反応が政党CMの想起度に及ぼす影響を検討した。当然ながら政治広告の重要な機能は，その政策や主張などを有権者に伝えるところにあるといえよう。ここでは，どのような政党CMの特徴が政党CMの想起度に影響しているかについて分析を試みた。

　まず，自由再生により測定した被験者の政党CMの想起内容をすべて検討した。その結果から，政党名，スローガン，党首・党関係者など，政党の政策や主張，党首・党関係者に関連するもの，中心情報その他を「中心情報想起」，一般人に関連するもの，登場人物以外の風景などの映像，音楽，周辺情報その他を「周辺情報想起」に分類した。そして，正確に想起されていない内容や，記述内容が不明なものを「想起ミス」に分類した（具体的な想起内容と想起度は付録14，p.195に示した）。

　最も想起度が高かったのは，スローガン関連想起であった。次いで，政党名，党首関連想起，風景などの映像関連想起であった。スローガン関連想起度が最も高かったのは，政党CMに対して事前接触経験のある反応は除いて分析を行ったが，CMで使用されているスローガンなどは，実験で呈示された政党CM以外にも，普段のメディア報道など，選挙キャンペーン情報を通して接触していたためと考えられる。また，「政党名」「党首」関連も政党CMで記憶に残る情報であった。風景などの映像的表現の想起度も高くなっている。そして，想起ミスが多く見られたのも特徴的である。

　次に，性別と政党CMに対する反応を説明変数とし，「中心情報想起度」と「周辺情報想起度」をそれぞれ基準変数とした重回帰分析を行った（付録15，p.195）。中心情報想起度には「メッセージ性」が影響していたのに対し，周辺情報想起度には「娯楽性」が影響している傾向が見られた。すなわち，政党イメージや理念が分かりやすく，政党の主張や政策が伝わる，メッセージの明確なCMが，政党CMとして望ましいと評価され，政党の政策や主張に関する内容も記憶されやすいということが確認された。

　また，性別と政党CMに対する反応を説明変数とし，「想起ミス」を基準変数とする重回帰分析を行った結果，メッセージ性評価が高いほど，想起ミスも少なくなることが分かった（付録16，p.195）。すなわち，争点などに関連して明確なメッセージを伝えるCMが正確な広告記憶を促進することを

示す結果である。

―― この章のまとめ ――

　第8章では，有権者の接触度と媒体の影響力などを考慮し，政党CMの効果について探索的研究を行った。実験では，政党CMの内容分析の結果に基づいて選定した政党CMを刺激として呈示した。政党CM反応尺度は，予備調査から得られた，インパクト，メッセージ性，抽象性，娯楽性，差別性，社会批判性，信頼性，CM批判などに関連する反応に基づいて構成した。

　分析の結果，政党CMに対する反応として「娯楽性」，「抽象性」，「攻撃性」，「信頼性」，「メッセージ性」を抽出し，広告注目度，広告態度，政党広告としての望ましさ評価，話題性，非実現性，第三者効果に対する影響を検討した。その結果，娯楽性と攻撃性を中心に興味深い結果が得られた。

　まず，当然ながら政党CMの信頼性とメッセージ性が高いほど，政党CMとして望ましいと評価されていた。娯楽性とメッセージ性は，政党CMに対する注目度を高め，娯楽性と攻撃性は，政党CMの話題性を高めることが示された。また，政党CMの攻撃性によって政党CMの主張が実現できないという評価や，自分は政党CMに影響されないが，他の人は影響される可能性が高いと知覚する第三者効果がもたらされることが明らかになった。これらの結果により，ネガティブ広告が政治に対するネガティブな態度に影響する可能性が示された。政党CMのユニークな内容も，こうしたネガティブな影響をもたらしていると予想したが，むしろ娯楽性によって注目度と話題性評価が高くなることが確認された。この結果は，本実験がCM視聴において娯楽的要素を好意的に評価する傾向のある若年層の有権者を対象としたためであると考えられる。後述する第9章のインタビュー調査の結果からもこうした傾向がうかがえる。

　次に，政党CMに対する反応と想起度との関連性を検討した結果からは，スローガン，政党名，党首名，風景などの映像に関する想起度が高くなっていた。想起ミスも多く見られ，明確なメッセージを伝える政党CMにより，正確な広告記憶が促進されることが確認された。

第9章 政治広告評価の構造と類型に関する質的分析

　第9章では，第7章のWeb調査で得られた政治広告の評価に関する自由記述，20代から60代までを対象としたインタビュー調査により，政治広告は有権者からどのように評価され，どのような機能が求められているかを検討した。

1．政治広告評価の構造

政治広告評価の構造

　Web調査では，政党媒体として接触度の高い新聞政党広告，テレビ政党CM（以下政党CM），テレビ政党政見放送（以下政党政見放送）と，Web調査の特性を考慮し，政党ホームページを取り上げ，それぞれ接触経験のある人を対象に，政治情報源としての評価を自由記述形式で回答してもらった。また，候補者側の媒体として接触度の高い候補者ポスターについても，接触経験のある人を対象に自由記述形式で評価してもらった。これらの自由記述をもとに，テキストマイニング分析を行い，各情報源に関する評価の構造を視覚化することを試みた[1]。ここでは，この方法で，自由記述のキーワードとその関連性をマッピングし，全体的な傾向を見出したうえで，キーワードと関連する記述を中心に検討を行うことにする。

（1）新聞政党広告
　まず新聞政党広告の場合，キーワードとして見出されたのは，「党首の顔や写真」，「政策や主張」に関連する言葉であった（図9-1）。
・政党の主張を知るためにはいい（30代女性）
・紙なので，文章でしっかり書かれているため，理解しやすい（40代女性）
・情報量が多く参考になることも多い（50代男性）

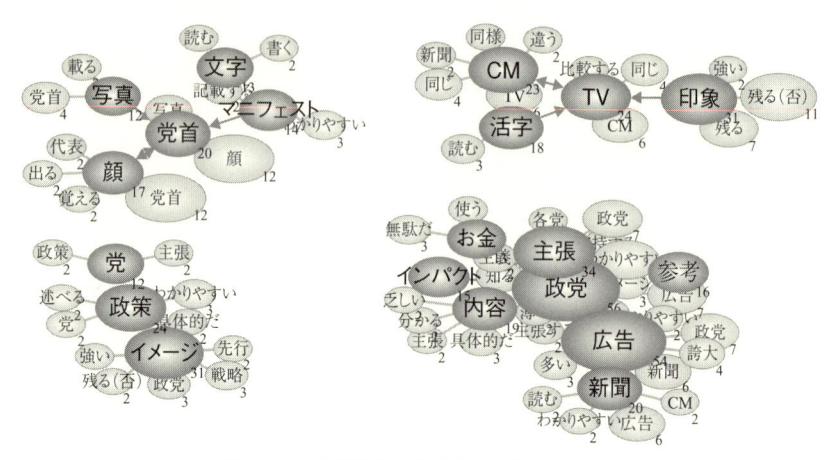

図 9-1　新聞政党広告評価の構造（n=685）

- 主張はよく分かる（60代男性）
- ゆっくり読んで判断できるので参考になる（50代女性）
- 主張やアピールポイントがストレートに表現されていてよいと思う。でも本当かどうか見極めないといけないと思う（40代女性）
- ポイントを知るには良い（30代男性）
- マニフェストが見れる（60代男性）
- 政党の特色が分かる（40代男性）
- 政党にカラーが出てわかりやすい（40代男性）
- 地味だが政策など実益の面で客観的に政党のイメージをつかむことができると思う（20代女性）
- 具体的に方針が分かるので理解しやすい（30代男性）

など，新聞広告の情報性や簡潔性などを評価する意見があった。
　一方で，

- 人のイメージに頼りすぎている（40代女性）
- トップの写真しか目立たない（30代男性）
- 党首の写真ばかりが印象に残る（30代女性）
- スローガンと党首の顔しか載ってない広告が多くて，つまらない（30代男性）
- 顔写真ばかりだ（30代女性）

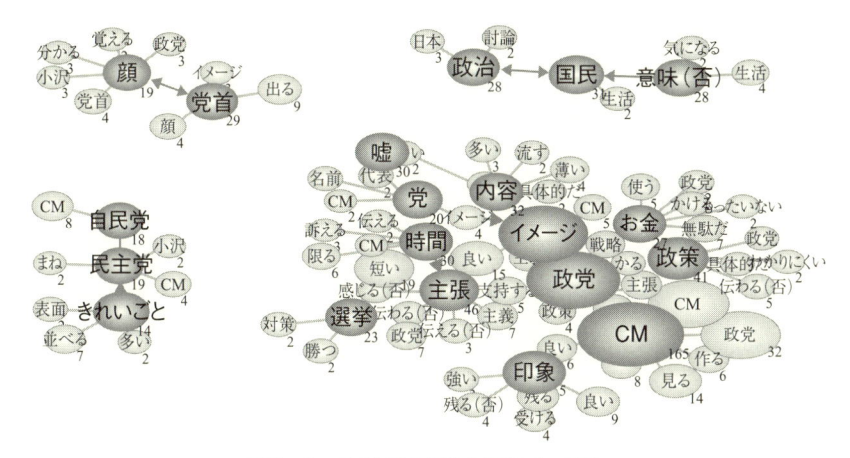

図9-2 政党CM評価の構造 (n=978)

・イメージ性が強くて，内容が分かりにくいときがある（40代男性）

など，広告的「イメージ性」を批判する声も見られた。

・他党の批判ばかりで自分達が何を訴えたいのか伝わって来ない（30代男性）
・自分の党の事より反対派の党を非難する事が多く書かれていたりする時は落胆する（60代女性）

など，新聞政党広告の攻撃性に対する批判的意見も見られた。また，

・TVのCMよりは興味がある（30代男性）
・テレビの動画CMや政見放送に比べれば，まだ党の政治家の主張が比較的冷静に理解しやすい（50代男性）

など政党CMなどと比較した評価も見られた。

（2）政党CM

政党CMの場合も「党首」，「顔」がキーワードとして見出された（図9-2）。また，CM出稿の多い「自民党」と「民主党」がキーワードとして抽出されたのも特徴的であった。またキーワードとして「きれいごと」，「お金」などが抽出され，

・いい事ばかり並べて言っている。あまりいいイメージはない（40代男性）
・作られていてきれいごとを並べているイメージ（20代男性）

第9章 政治広告評価の構造と類型に関する質的分析

- お金の無駄（50代女性）
- 税金の無駄遣い（60代男性）

など，政党による CM 出稿やその内容に対する批判の声が多いのが特徴的であった。

一方で，
- 政党の特徴が分かりやすい（30代女性）
- 主張が伝わりやすい（30代男性）
- どんな姿勢かうかがえる（30代女性）

など若い世代を中心に若干肯定的評価も見られている。

（3）政党政見放送

政党政見放送については，「時間」，硬いなどの「印象」，「主張」，「政策」などに関するキーワードが抽出されている（図9-3）。
- 党の考え方，公約を知る有効な手段である（60代男性）
- それぞれの考え方が分かってよい（40代男性）
- 生の声なので，一番参考になると思うし，視聴者と政治家が透明につながれる方法かも知れない（20代女性）

など，主張や政策など，情報性を評価する意見がある一方で，
- 堅苦しい感じがする（50代男性）

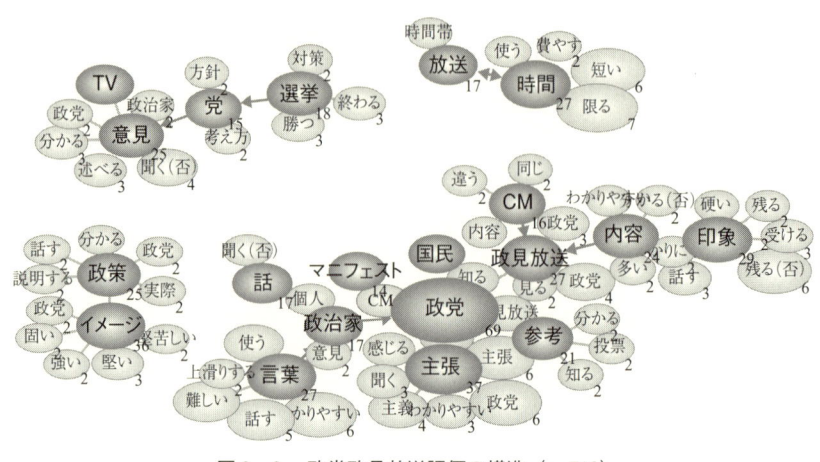

図9-3　政党政見放送評価の構造（n=710）

- 少し硬い。分かりにくい（40代男性）
- 堅苦しいし，みんな同じように見える（30代男性）
- 硬い。暗い（20代男性）

など，政見放送の硬いスタイルに対する否定的評価が目立った。

- 時間が短く言いたいことが分かりにくい（50代女性）
- 人がみんな目にできる時間帯に放送されていない（30代男性）
- NHKだけでなく民放でもできないのだろうか（60代男性）

など，時間帯や放送時間，放送局などの法規定についての「問題提起」なども見られる。

（4）政党ホームページ

次に，政党ホームページの場合は，他の媒体との比較，「政党」，「主張」，「政策」，「情報」などがキーワードとして見出されている（図9-4）。

- 時間の制約がなく，政党について知ることができる良いコンテンツだと思う（30代男性）
- 好きな時間に何度でも見返せるのでよいと思う（60代女性）
- 色々工夫されていて面白い（40代女性）
- 各党の明確な内容がよくわかり，理解しやすい（30代男性）
- 情報量が多いので非常に良い（30代男性）

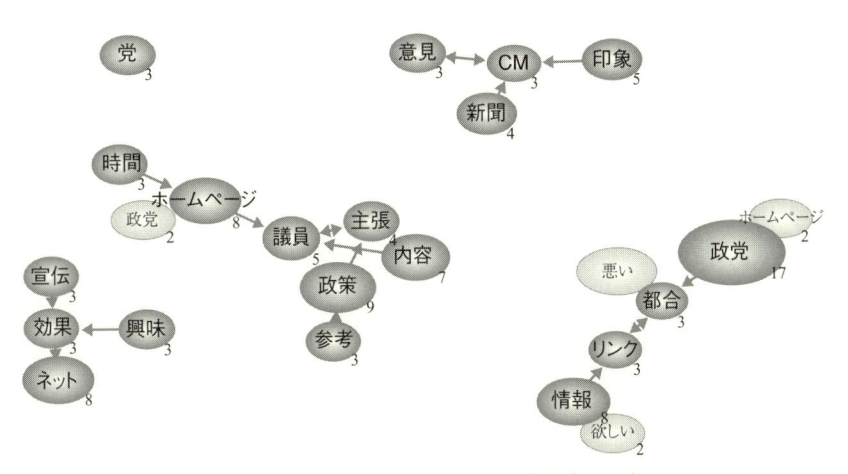

図9-4　政党ホームページ評価の構造（n=130）

第9章　政治広告評価の構造と類型に関する質的分析　161

・政党の個性が出ていると思う（50代女性）

など，ホームページの情報性や媒体利用における時間的制約のない点を肯定的に評価する意見が多かった。

・ポスターやCMと違って，政策が分かりやすく書いてある（20代男性）
・他の手段より信頼できると思う（60代女性）

など，他の媒体と比較した評価も見られた。一方で，

・盛り沢山になりすぎて分かりづらい（50代男性）
・リンクが多すぎてかえって複雑で分かりにくいものがある（40代女性）
・更新がなされず，時々刻々の要求に応じられないものが多い（50代男性）

など，媒体の特徴を十分活かしていないという点を批判している意見が見られた。また，Web調査という調査の特性が影響しているところもあるが，

・一番自由度の高いメディアであるから，主軸にすべきでなるのではないか（30代男性）
・選挙前の更新停止はナンセンスだ。政策競争をするベースになる（30代男性）
・現代のネット社会では重要な宣伝効果を持つと思う（20代男性）

など，政治情報源としての政党ホームページの機能や効果を高く評価する意見も多い。

（5）候補者ポスター

候補者ポスターの場合は，「顔」，「名前」，「写真」，「印象」，「政策」などがキーワードとして抽出された（図9-5）。

・印象ぐらいは分かる（60代女性）
・どんな顔か参考になる（50代女性）
・候補者の顔が分かる（30代男性）
・名前と顔を覚えてもらう手段として効果的だとは思う（40代女性）
・政党・候補者の運動量が分かる（60代男性）
・写りに左右されるかも……（40代女性）
・顔が分かると身近に感じる（40代女性）
・候補者をイメージするには役立つ（30代女性）

など，候補者の名前や顔の認知においては一定の機能を果たしているようだ

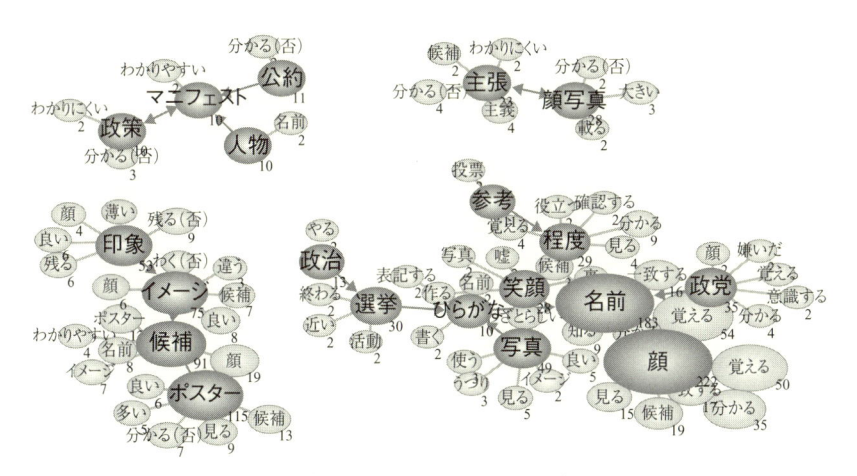

図9-5 候補者ポスター評価の構造 (n=1038)

が,

- ・顔写真や経歴だけでは,投票を判断する材料にはなりえない(50代男性)
- ・名前を覚えるには良いと思う。ポスターからは考え方はあまり理解できないと思う(20代女性)

など,情報的機能に関しては否定的な意見が目立つ。

2．インタビューにみる有権者の政治意識と政治広告評価

さらに,有権者の政治意識と政治広告への評価を検討するため,20代から60代の男女を対象に,2008年11月から2009年1月にかけて,半構造化面接を行った。

インタビュー回答者は,20代6名(男:3名,女:3名),30代4名(男:2名,女:2名),40代4名(男:2名,女:2名),50代5名(男:2名,女:3名),60代男性1名で,計20名(男:10名,女:10名)である。インタビューは主に2名から3名の単位で行われた(Hさんのみ1人で行われた)。インタビュー回答者の基本的属性は表9-1のとおりである。

インタビュー内容は,インタビュー回答者の許可を得て,レコーダーで録音し,後で書き起こすことができるようにした。インタビューでは政治広告や政治報道と政治意識に関する質問に答えてもらった。ここでは,

表9-1 インタビュー回答者の属性と政治関心度

	男性	年齢	政治関心度	支持政党	女性	年齢	政治関心度	支持政党
20代	A	20	高	あり	D	23	低	なし
	B	20	高	あり	E	22	低	なし
	C	21	低	なし	F	29	高	なし
30代	G	32	高	あり	I	31	中	あり
	H	35	高	なし	J	35	中	なし
40代	K	46	中	あり	M	42	中	なし
	L	48	高	あり	N	47	低	あり
50代	O	55	中	あり	Q	52	高	あり
	P	58	高	なし	R	59	高	なし
					S	59	中	あり
60代	T	65	中	あり				
計		10				10		

1）政治関心度と政治ニュースへの接触度
2）選挙で政党を選ぶ際参考にする情報源
3）政治広告についての評価
4）その他メディアと政治に対する意見

を中心に検討する。

インタビュー回答者の政治意識と政治情報源

　まず，新聞とテレビは年齢と関係なく，すべての回答者に共通する政治情報源であった。最も年齢差が見られたのは，第7章と第8章の調査と同様，インターネットの利用であった。40代以下の若中年のインタビュー回答者においては，政治情報源としてインターネットを挙げる人が多かった。また，20代男性Aさん，Bさんは政治に対する関心も高く，政治に関するニュースサイトから政治に関する情報を得ていたが，20代女性Dさん，Eさんは，政治にはあまり関心がなく，インターネットで政治関係のニュースを見ることはあまりないと答えていた。それに対し，政治にある程度関心を持っている30代の女性はニュースサイトを見る方だと答えていた（30代女性I，30代女性J）。

　また，30代と40代で政治にある程度関心を持っている人，あるいは関心の

高い人は,
- テレビニュース,民放のワイドショーや情報番組（結構観る）,ニュースサイト,携帯のメールマガジン,雑誌の記事,ネットのブログ・掲示板（30代女性I）
- テレビニュース,新聞,政治討論番組,インターネットニュース,政治家が配るチラシ（40代男性L）

など,多様な情報源を挙げているのも特徴的である。

　選挙で政党を選ぶ際参考にする情報源としては,普段の政治情報源と同様,若い人と政治関心の高い人ほど,選挙情報源としてインターネットニュースを挙げていた（20代男性B,30代女性I,40代男性Lなど）。選挙公報の場合は,20代の回答者で見たことがないと答えた人が多かった（20代男性A,B,Cなど）のに対し,40代以上では政党選択情報源として評価する人が多く,対照的であった（40代女性M,50代女性Sなど）。政見放送についても,選挙公報と同様,若い世代の政治情報源としての評価は高くなかった。

政治広告評価と発話内容の類型化

　インタビューでは,テレビ政党CM（以下政党CM）,新聞政党広告,テレビの政見放送（以下政見放送）に関する評価を尋ねた。まず政党CMについては,全体的に批判的意見が目立つ。具体的には,
- 白々しい,心を動かされることはない（20代男性A）
- 作られた感じがするから,本心が分からない。15秒のCMだと考えが伝わらない（20代女性F）
- 時間が短く,キャッチフレーズしかないので,それで判断しようと思わない。お金がもったいない（30代男性G）
- あっても悪くないが,CMによって意見や支持政党が左右されることはない（30代男性H）
- そんなお金があるなら他に使ってほしい（40代女性N）
- どれも同じことを言っているように感じる（50代女性R）

などの意見があった。
　一方で,20代の回答者を中心に,
- 具体的な主張,政策を掲げたCMより,個人のキャラクターを打ち出

しているものや，面白い内容の方が印象に残っている（20代男性B）
　　・他の媒体に比べて政治家自身が直接働きかけているので，心に響くものはあるし，インパクトもある（20代女性E）
などの評価も見られた。他にも批判的な意見が多い中で，多少肯定的に評価をしている意見としては，
　　・印象には残るが……（40代男性K，40代女性N）
　　・分かりやすくて印象に残りやすい。マニフェストをCMでももっと分かりやすく伝えてほしい（50代男性O）
などがあった。
　　新聞政党広告の場合は，
　　・インパクトはテレビの方があるが，信頼性は新聞が高い（20代女性D）
　　・マニフェストや方向性が分かり，ゆっくり読めるのでテレビよりはいい（30代男性G）
　　・テレビよりはまだ好印象（30代女性J）
　　・文章で出ている方が残る。テレビだと聞き流してしまう（50代男性O）
など，新聞媒体の特徴に基づいたポジティブな評価が見られた。
　　・インパクトの面ではテレビ（20代女性D，E）
　　・情報が限られている，資金力のある政党がより良い広告を作りだせる（40代男性K）
　　・どれも同じように見える。他にお金の使い道があるのでは（50代男性P）
　　・宣伝ではなく，具体案を冊子で出すべき（50代女性S）
など，否定的な意見が多かったが，全体的に政党CMよりは評価している。
　　次に，政見放送については，若い世代において「観たことがない」（A，B，E）人がほとんどで，「存在を知らなかった」（E）人もいた。観たことのある人の中では，放送スタイルや時間などについて批判的な意見が見られた。具体的には，
　　・堅苦しいことを言っていて分かりづらい（20代女性D）
　　・読んでいるだけ……形式を変え，もっと観やすい時間に分かりやすい内容にした方が良い（20代女性F）
　　・政見放送よりは政党ホームページの方が，主張などが分かりやすい（30代女性I）

・何かを読んでいるだけのように聞こえる。何かを焦点としたディベートの方がいいと思う（40代男性 L）

などである。それに対し，

・決め手にならないが，色々な人の考え方を知るチャンス（50代女性 R）
・必要である。真面目で良い。表情が伝わるし，生の声を聞けるので良い（50代女性 S）

など，とりわけ中高年の回答者において肯定的な意見が目立った。

　以上のインタビュー結果に基づいて，発言のタイプについて類型化を試みた。政治広告の評価，その他メディアと政治に関する発話内容の検討により，「政治広告シニシズム型」，「政治広告評価型」，「政治広告提案型」，「政治広告消費型」の4つの類型が見出された。以下，各類型の特徴と，政治的関心度および年齢層との関連について検討する。各類型別の主な発話内容を付録17（p.196）に示す。

（1）政治広告シニシズム型

まず，「政治広告シニシズム型」は，

・どれも同じことを言っているように感じる（50代女性 R）
・お金がもったいない（30代男性 G）
・そんなお金があるなら他に使えと思う（40代女性 N）
・多大な広告料を使うのは反感を買う（50代女性 S）
・情報が限られている。資金力のある政党がより良い広告を作り出せる（40代男性 K）

などの発話内容で見られるような，政治広告に対する不信感の強いタイプである。政治情報の「広告性」に対するネガティブな態度が「政治広告シニシズム」をもたらしている可能性が高い。

　こうした政治広告に対するネガティブな態度は，政党 CM において最も顕著に現われていた。具体的には，

・心を動かされることはない（20代男性 A）
・作られた感じがするから本心が分からない……15秒の CM だと考えが伝わらない（20代女性 F）
・時間が短く，キャッチフレーズしかないので，それで判断しようと思わ

ない。お金がもったいない（30代男性 G）
・わざとらしい感じがして笑ってしまう。観ていて冷める。テレビ CM はしない方がいいと思う（30代女性 J）
・どうせ良いことしか言わないから，そんなお金があるなら国民に回せと思う（40代男性 L）
・何を伝えたいかが理解できない。政党のイメージは残るが，選挙につながるものはなかった（50代男性 P）

などの発言である。政見放送に関しては，
・堅苦しいことを言っていて分かりづらいというイメージ（20代女性 D）
・読んでいるだけで本心が伝わってこない（20代女性 F）

など，形式的で内容が分かりにくいという評価が目立った。また，政治関心の高い回答者で政治広告シニシズム型の発言が多いのも特徴的である。

（2）政治広告評価型

　次に，「政治広告評価型」に分類できる発言タイプは，
・マニフェストや方向性が分かり，ゆっくり読めるのでテレビよりはいい（30代男性 G）

という発話内容に見られるような新聞広告の情報性や信頼性などを評価するもの，
・インパクトはある（20代女性 D，E）

など政党 CM のインパクトを評価するものである。政見放送に関しては積極的に評価する人が多く，30代以上の世代から，
・どんな候補者でも公平に話せるのでいい仕組みだと思う（30代男性 G）
・面白いと思った。話すのが上手いなと感じた。CM よりは主張が伝わる。演出などで無駄がない分，良いと思う（30代女性 J）
・変な人も出てくるので面白い。他の放送では，メジャーな人しか出てこない（40代女性 M）
・決め手にならないが，色々な人の考え方を知るチャンス（50代女性 R）
・必要である。真面目で良い。生の声が聞けるので良い（50代女性 S）

などの評価が見られた。

（3）政治広告提案型

「政治広告提案型」は，政治広告を含む，政治情報源に対する要望に関する発話内容から見られるタイプである。

- テレビに出ている政治家は，いつも決まった人が多い……それ以外の人……党員同士の意見交換の場，討論の場があると面白いと思う（40代女性 N）
- 問題や現状を数字などで具体的に伝えているパターンが参考になる（50代女性 Q）
- 何かを焦点としたディベートの方がいい（40代男性 L）

など，40代以上では討論や具体的な情報を望んでいる発言が目立った。

（4）政治広告消費型

「政治広告消費型」は，主に20代の回答者で見られ，以前話題になった政党 CM を挙げ，

- 具体的な主張，政策を掲げた CM より，個人のキャラクターを打ち出しているものや，面白い内容の方が印象に残っている（20代男性 B）

など，政治広告の「情報的要素の受容」より「娯楽的要素の消費」の傾向が強い場合である。

また，

- 以前「小泉劇場」という表現もあったが，真面目な政治報道よりは，むしろ民放などで政党・政治家の対立構図などを面白おかしく伝えた方が，政治に興味がない層も，政治に興味を持ってくれるのではないか（20代男性 C）

など，20代を中心に政治情報に娯楽の要素を積極的に取り入れるべきだという意見が見られた。

―― この章のまとめ ――

第9章では，第7章の Web 調査で得られた政治広告評価構造の分析，20代から60代の男女を対象としたインタビュー内容の類型化を行い，政治広告に関する評価を質的に分析した。

分析の結果，まず新聞政党広告の場合，重要なキーワードとして見出されたのは，党首の顔や写真，政策や主張に関連する言葉で，新聞広告の「情報性」を評価する意見がある一方で，広告的「イメージ性」を批判する声もあった。政党CMの場合も党首の顔・イメージに関連することが指摘されており，CM出稿の多い自民党と民主党に関する記述が見られた。また，政党によるCM出稿に対する批判の声が多いのが特徴的であった。政党政見放送については，情報性を評価する意見がある一方で，放送スタイルに対する否定的評価が目立った。また，時間帯や放送局などに関する法規定に対する問題提起も見られる。

　政党ホームページの場合，情報性は高く評価されている方だが，媒体の特徴を活かしていない点が批判されていた。候補者ポスターの場合は，候補者の顔や名前の認知においては一定の機能を果たしているようだが，情報的機能に関しては否定的意見が目立つ。

　次にインタビューの発話内容の分析から，政治広告評価の類型として，「政治広告シニシズム型」，「政治広告評価型」，「政治広告提案型」，「政治広告消費型」の4つの類型が抽出された。「政治広告シニシズム型」は，政治広告に対する不信の強いタイプで，政党CMにおいて最も顕著に現われていた。政治情報の「広告性」に対するネガティブな態度が「政治広告シニシズム」をもたらしている可能性が高い。また，政治関心の高い回答者で政治広告シニシズム型の発言が多いのも特徴的である。「政治広告評価型」に分類できる発話内容は，新聞広告や政見放送の情報性や信頼性などを評価するもの，政党CMのインパクトを評価するものである。「政治広告提案型」は，政治広告を含む，政治情報源に対する要望に関する発話内容から見られるタイプである。40代以上では討論や具体的な情報を望んでいる発言が目立った。「政治広告消費型」は，主に20代の回答者で見られ，政治広告の「情報的要素の受容」より「娯楽的要素の消費」の傾向が強いタイプであった。

おわりに:民主主義と広告的政治情報

　本書では多様化しつつある政治的情報環境における広告的政治情報の在り方を考察することを目的とした。そのため、国政選挙における政治広告を対象に、政治的、社会的「争点」がどのように論じられ、政党や候補者の「イメージ」構築のためにどのような訴求戦略が用いられてきたのかを分析した。また政治広告を中心とした「政治情報の受容」を質問紙調査、インタビュー調査および実験により分析し、政治広告が政治に関する情報源と選挙キャンペーン手段としてどのような機能を果たしているのかを検討した。

　有権者の投票行動において判断材料となる政治的情報を、大きく「報道的情報」と「広告的情報」に分けて考えたとき、マス・メディアによって「加工」され、「構成」される報道的情報は、政治家と政党の意見や主張が取り挙げられなかったり、意図どおりに報道されないなど、政治家と政党が統制できないという制約があり、政治家と政党による具体的政策や政治的ビジョンに関する直接的情報発信が、有権者に対するより多様な情報提供という点からも必要であるといえる。しかし、これまでの政党CMや広告は、抽象的なスローガンや主張にとどまり、具体的な政策や政治的ビジョンなどの違いが見えにくく、実態や中身を伴わない表面的イメージのみを見せつけようとする戦略に、政治参加の促進どころか、有権者の政治不信感や冷笑的態度だけを増幅させてきたところが多い。言うまでもなく、政治家と政党側には、広告的政治情報で自らが発信するメッセージの重みを認識し、社会的、政治的責任を果たすことが求められる。

　さらに、本書の研究からも明らかにされたように、政治情報源評価と利用においては顕著な世代差が存在し、今後、世代変化とともに、政治情報源の役割や位置づけにも変化が見られることが予想される。政見放送の放送時間や形式、選挙運動手段としてのインターネットの利用などにおいて、制度的な検討と対応が必要とされる。

　本書は日本の政治コミュニケーション研究分野でこれまで必ずしも充分な

実証研究が行われてこなかった広告的政治情報に注目し，政治広告の争点提示とイメージ構築戦略の分析を通して政治的メッセージの説得手法や，政治広告の持つ時代性，公共性・社会性を考察した点において，また，有権者の政治広告の受容について分析し，政治広告の在り方を検討した点において，一定の意義があると考える。

　しかし，本書の研究は，国政選挙を中心とした政党の広告戦略に焦点を当てたため，知事選挙などの候補者広告に見られる争点提示とイメージ戦略，選挙情報源としてこうした候補者広告がもつ意味などに関する分析を行うことはできなかった。報道量が限定される地方選挙においては，候補者自身の広告的情報の重要性は高く，今後の研究が必要とされる。また第4章の国政選挙の候補者広告のジェンダー・フレームと女性候補者の広報戦略も，分析対象や新聞候補者広告の持つ制約のため，充分な分析を行うことができなかった。より多様なアピールが可能な候補者ホームページなどを対象とした分析が必要とされる。こうした分析と，有権者のジェンダー観などの要因を考慮した，男女政治家評価とイメージに対する報道的政治情報と広告的政治情報の影響に関する研究は，別稿で扱うことにしたい。女性の社会参画が進んでいるなか，おそらく最も立ち遅れている分野が政治であり，政治コミュニケーション研究においてもジェンダー的視点での研究蓄積は少ないのが現状である。女性と政治，メディアが関連する領域の研究により，検討していきたいと思っている。

　さらに，政治広告の内容的特徴と効果に関する実証的研究成果の蓄積に貢献したいということが本書の主な趣旨だったとはいえ，ダイナミックに展開されてきた日本の政治，法制度の変遷と特徴に関する検討は必ずしも充分ではなく，今後の課題としたい。実証研究においても今後の選挙と政治状況，メディア環境と社会変化に常に注目しながら，さらなる研究を展開していきたい。

　今後，有権者がより多様な政治情報に基づいた政治参加と政党および候補者選択ができるよう，「報道的政治情報」と「広告的政治情報」が相互を補完することで，広告的政治情報が本来果たすべき健全な政治批判意識と政治参加意識を活性化させる政治情報源としての役割を担っていくことを期待したい。

注

序章

1) 高瀬（1999, p. 65）
2) 選挙公営とは「候補者がすべき選挙運動に公的な便益を与え，費用を補助する制度」（杣，1977, p. 246）である。杣（1977）は，選挙費用を節減し，選挙運動の公平を期するため導入された選挙公営の拡大は，言論活動の制限や選挙運動の画一化など，民主的選挙を阻害する要因となる可能性もあると指摘する。
3) 山本（1972, p. 337）
4) 同前
5) 同前
6) 同前
7) Holtz-Bacha & Kaid（2006, p. 4）
8) 「選挙運動」については公職選挙法第13章（第129条〜第178条の3）に定められている。全文は，総務省運営の行政ポータルサイト e-Gov の法令検索ページで閲覧できる（公職選挙法 http://law.e-gov.go.jp/htmldata/S25/S25HO100.html）。

第1章

1) 「55年体制」とは，1955年より，政権を維持し続けた自民党と第一野党の日本社会党が日本の政治を支配していた体制のことで，1993年衆議院議員選挙で自民党が惨敗し，野党に転落した時期まで38年間続いた。55年体制は日本の政治や社会に大きな影響を与えたとされる。
2) 戦前の新聞政治広告に関する歴史は，山本（1972），山本・津金澤（1992）が詳しい。
3) この時期の選挙ポスターは，梅田（2001），国会図書館ホームページ「史料にみる日本の近代」（http://www.ndl.go.jp/modern/utility/chronology.html）に収録されている。
4) 当時の選挙キャンペーンと政党 CM の映像は，毎日映画社ほか制作（2001）「日本の記録　映像100年史　第22巻　激化する大学紛争　1967-68年（昭和42-43）」に収録されている。
5) この時期は，選挙情報源としての政見放送に関心が集まり，政見放送の効果に関する研究も報告されている（たとえば，白鳥・田中，1970；辻村，1977）。
6) 川上（2002, p. 43）；高瀬（2005, p. 60）
7) 「『改革なくして成長なし』『聖域なき構造改革』に代表されるキャッチフレーズ的な言い回しを多用する小泉首相の政治手法をやゆして」（読売新聞，2003年3月12日朝刊3面）使われた表現である。
8) PHP 総合研究所（2005, p. i）
9) 同前
10) PHP 総合研究所（2005, p. ii）

第 2 章

1） Johnston & Kaid（2002, p. 281）
2） Kaid（2006, p. 41）
3） 同前
4） Kaid & Holtz-Bacha（2006, p. 450）
5） Kaid & Johnston（1991, p. 53）
6） 同前
7） これらの広告を含むアメリカの主要政治 CM は，Museum of the Moving Image のウェブサイト「The Livingroom Candidate: Presidential Campaign Commercials 1952-2008」(http://www.livingroomcandidate.org) で閲覧できる。このサイトでは，1952年以降のアメリカ大統領選時に制作，放送された400本を超える政治 CM が閲覧できる（2010年7月現在）。
8） 同じ期間の読売新聞，日本経済新聞を対象に，朝日新聞に掲載された政党広告との重複を検討した結果，重複しない広告が多数確認されたため，朝日新聞の政党広告をサンプルとして扱うのが妥当であると判断した。
9） 新聞政党広告のコーディングの一致度は.87以上で，コーディングの結果は信頼できるものと判断された。
10） 近年の選挙では当然のように出てくる党首に代わり，たとえば，1969年衆議院議員選挙の自民党の政党広告では，「お宅の幸せを守る」という内容とともに，女性と子どもを登場させている。「70年代の政治のテーマは人間性回復」とアピールしている同選挙の公明党の広告でも，2人の子どもをクローズアップさせた家族が登場している。
11） 本章の内容分析と事例分析の対象とした政党 CM はビデオリサーチ社が収録したものおよびビデオリサーチコムハウス社の「CM デジタルライブラリー」より視聴可能なものである。分析対象となった政党 CM は，すべて関東民放5局で放送されたもので，他の地域で全国 CM とは異なる政党 CM が放送されるケースもあるが，その本数は多くない。本章ではこれらの CM を全数として扱うことにする。重複する CM はないが，同じ映像と展開で広告コピーに若干の違いがあるものは含まれている。
12） 政党 CM のコーディングの一致度は.82以上で，コーディングの結果は信頼できるものと判断された。
13） 政党 CM が放送局の CM 考査で問題になったのは，攻撃性の高いネガティブ広告だけではない。自民党の「力を貸してください」，保守党の政党名の連呼が公職選挙法で定める「投票依頼」，「選挙放送の制限」に抵触するとされたケースなどもある（川上，2002）。また年金問題が最大争点となった2007年参議院議員選挙では，自民党が制作した「年金をすべて保証する」という内容の政党 CM が，実現が難しいという民放局の指摘によって変更になった（朝日新聞，2009年7月1日，7月7日）。
14） 2010年参議院議員選挙で制作された自民党の谷垣総裁と小泉進次郎衆議院議員が出演する「いちばん！」という CM をめぐって，多くの放送局は総務省と日本民間放送連盟の判断や基準に抵触するという理由で放送しなかった（読売新聞，2010年7月3日。第3章参照）。
15） 逢坂（2007, p. 14）

第 3 章

1） 2007年参院選広告とその報道分析は，日本広告学会『広告科学』（2008）第49集に掲載した「2007年参院選広告に見る政党の『争点提示』と『イメージ構築』戦略」（pp. 29-45）の一部内容を修正，加筆したものである。
2） 政党 CM はビデオリサーチ社が収録したものおよびビデオリサーチコムハウス社の「CM デジタルライブラリー」より視聴可能なものである。
3） テレビ CM，ネット CM などの動画は，選挙期間中に各政党のホームページと動画チャンネルで確認した。
4） 選挙期間と投票日に朝日新聞に掲載された政党広告を対象とした。
5） 「ザ・選挙：JANJAN 全国政治家データベース」（http://www.senkyo.janjan.jp）を閲覧した結果，2009年9月30日現在ホームページ開設率は9割を超える。
6） テレビ CM，ネット CM などの動画は，各政党のホームページと動画チャンネルで確認した。
7） 自民党が CM で，人さし指で「いちばん！」とアピールしたのは，「蓮舫行政刷新担当相の『2番じゃいけないんでしょうか。』という発言を逆手に取ったもの」（東京新聞，2010年7月2日）とされる。

第 4 章

1） 列国議会同盟（IPU）ランキングによれば，日本は，国会議員に占める女性の割合が187カ国中120位とかなり低い水準である。国によっては，クォータ制を実施している場合，政党が自主的に比例選挙で名簿順位を男女交互にする場合もある（朝日新聞，2009年9月19日）。
2） Web 調査は2009年12月11日から2009年12月13日にかけて行われ，首都圏地域の有権者518名の回答を得た。なお，本調査は，東京女子大学女性学研究所の助成を受けて実施された（プロジェクト研究34，未発表）。
3） 分析には，マクロミル社の Quick-MINING ASP を使用し，キーワードの抽出，それに関連する言葉のマッピングにより，自由記述の傾向を視覚的に示した。
4） 新聞候補者広告のコーディングの一致度は.90以上で，コーディングの結果は信頼できるものと判断された。

第 5 章

1） フェルドマン（2006, p. 21）
2） 同前
3） Boiney & Paletz（1991, p. 3）
4） 小林（2000, p. 4）
5） Cappella & Jamieson（1997, p.142）
6） Cappella & Jamieson（1997, p.141）
7） Campbell, Gurin, & Miller（1971, p.187）

8） 同前
9） Cappella & Jamieson（1997, p.140）
10） JGSS は，アメリカの GSS（General Social Survey）に対応する「日本版総合的社会調査（Japanese General Social Surveys）」で，家族，仕事，余暇，人生観，政治，宗教などを含む広範囲の調査である。調査データは，データ・アーカイブに寄託され，学術・教育目的で利用することが可能である（詳細は http://www.jgss.daishodai.ac.jp を参照）。
11） Davison（1983, p. 3）

第6章

1） 吉田秀雄記念事業財団が助成研究対象者の研究支援の一環として毎年6月に実施しているオムニバス形式の標本調査である。
2）「政党および候補者選択要因と政治情報源」の一部は，日本社会心理学会第50回大会（2009年10月11日）で発表した内容を修正したものである。

第7章

1）「回答者の政治意識と政治情報源利用の特徴」の一部は，日本社会心理学会第50回大会（2009年10月11日）で発表した内容を修正したものである。
2）「政治情報の第三者効果」の内容は，International Association for Media and Communication Research Conference, Political Communication Research Section: Political Communication Awareness and Democracy in South-East Asia（July 24, 2009）で発表した論文 Third-Person Effects of Political News and Advertising の一部である。

第9章

1） 分析には，マクロミル社の Quick-MINING ASP を使用した。この分析により，主なキーワードを抽出し，それに関連する言葉をマッピングし，自由記述の傾向を視覚的に表現することが可能である。

引用文献

明るい選挙推進協会（2006）「第44回衆議院議員総選挙の実態」
　Retrieved December 10, 2008, from http://www.akaruisenkyo.or.jp/066search/index.html
明るい選挙推進協会（2007）「第16回統一地方選挙の実態」
　Retrieved December 10, 2008, from http://www.akaruisenkyo.or.jp/066search/index.html
明るい選挙推進協会（2008）「第21回参議院議員通常選挙の実態」
　Retrieved December 10, 2008, from http://www.akaruisenkyo.or.jp/066search/index.html
明るい選挙推進協会（2010）「第45回衆議院議員総選挙の実態」
　Retrieved December 30, 2010, from http://www.akaruisenkyo.or.jp/066search/index.html
Alexey, A.（2007）Perspectives of political marketing in Japanese political arena. 新潟大学大学院現代社会文化研究科『現代社会文化研究』39号，125-141.
天野昭（1971）「選挙宣伝と広告業界」『総合ジャーナリズム研究』1971年4月号，85-93.
Ansolabehere, S. & Iyengar, S.（1995）*Going negative: How attack ads shrink and polarize the electorate*. New York: Free Press.
朝日新聞1968年7月8日，7月9日
朝日新聞1969年6月24日，8月22日，9月18日，9月28日，9月30日，10月29日，12月24日
朝日新聞1996年9月28日，10月10日，10月11日
朝日新聞2001年3月28日，7月14日，11月3日
朝日新聞2007年1月16日，3月20日，5月23日，6月2日，6月6日，7月1日，7月7日，7月13日，7月28日
朝日新聞2009年7月1日，7月7日，9月1日，9月19日
朝日新聞2010年7月6日，7月21日
朝日新聞社「朝日新聞縮刷版」1965～2010.
朝日新聞社（2007）「選挙広告――参院議員選挙 DATA FILE 2007」
　Retrieved December 10, 2007, from http://adv.asahi.com/mediakit/070511senkyo/index.html.
朝日新聞社（2009）「第45回衆議院議員選挙選挙広告 DATA FILE」
　Retrieved September 15, 2009, from http://adv.asahi.com/modules/media_kit/index.php/senkyo.html
Austin, E. W. & Pinkleton, B. E.（1995）Positive and negative effects of political disaffection on the less experienced voter. *Journal of Broadcasting & Electronic Media*, 39, 215-235.
Benze, J. G. & Declercq, E. R.（1985）Content of television political spot ads for female candidates. *Journalism Quarterly*, 62(2), 278-283, 288.
Boiney, J. & Paletz, D. L.（1991）In Search of the model model: Political science versus political advertising perspectives on voter decision making. In F. Biocca（ed.）, *Television and political advertising: Psychological processes*（Vol. 1）. Hillsdale, NJ: Lawrence Erlbaum Associates, pp. 3 -25.
Bystrom, D. G., Banwart, M. C., Kaid, L. L., & Robertson, T. A.（2004）*Gender and candidate communication*. New York: Routledge.
Campbell, A., Gurin G., & Miller, W. E.（1971）*The voter decides*. Greenwood Press.

Cappella, J. N. & Jamieson, K. H. (1997) *Spiral of cynicism: The press and the public good*. New York: Oxford University Press.

Cheng, H. & Riffe, D. (2008) Attention, perception, and perceived effects: Negative political advertising in a battleground state of the 2004 presidential election. *Mass Communication & Society*, 11, 177-196.

男女共同参画局 a,「女性の政策・方針決定参画状況調べ」(平成21年12月11日) Retrieved October 17, 2010, from http://www.gender.go.jp/research/sankakujokyo/2009/

男女共同参画局 b,「男女共同参画白書——男女共同参画の現状と施策」(平成22年版) Retrieved October 17, 2010, from http://www.gender.go.jp/whitepaper/whitepaper-index.html

Davison, W. P. (1983) The third-person effect in communication. *Public Opinion Quarterly*, 47 (1), 1-15.

Diamond, E. & Bates, S. (1992) *The spot: The rise of political advertising on television*. Cambridge, Mass.: MIT Press.

E, Jina (2007) Verbal expressions in Japanese political advertising: A content analysis of newspaper and television political advertising. Paper presented at the Annual Conference of the International Association for Media and Communication Research, Political Communication Research Section: Audiovisual Media and Political Campaigns, July 23-25, 2007.

李津娥 (2007)「政治広告の訴求戦略——政党別推移を中心に」『日経広告研究所報』第231号, 24-29.

李津娥 (2008)「2007年参院選広告に見る政党の『争点提示』と『イメージ構築』戦略」『広告科学』第49集, 29-45.

E, Jina (2009) Third-person effects of political news and advertising. Paper presented at the Annual Conference of International Association for Media and Communication Research, Political Communication Research Section: Political Communication Awareness and Democracy in South-East Asia, July 21-24, 2009.

李津娥 (2009)「有権者の政治意識と政治情報源の利用」『日本社会心理学会第50回大会発表論文集』804-805.

Feldman, O. (2005) *Talking politics in Japan today*. Brighton: Sussex Academic Press.

フェルドマン, オフェル (2006)『政治心理学』ミネルヴァ書房.

Garramone, G. M. (1983) Issue versus image orientation and effects of political advertising. *Communication Research*, 10, 59-76.

Gunther, A. (1991) What we think others think: Causes and consequences in the third person effect. *Communication Research*, 18, 355-372.

Harris, R. J. (2004) *A cognitive psychology of mass communication* (4 th ed.). Mahwah, NJ: Lawrence Erlbaum Associates.

Holtz-Bacha, C. & Kaid, L. L. (2006) Political advertising in international comparison. In L. L. Kaid & C. Holtz-Bacha (eds.), *The Sage handbook of political advertising*. Thousand Oaks, Calif.: Sage, pp. 3-13.

星浩・逢坂巌 (2006)『テレビ政治——国会報道から TV タックルまで』朝日新聞社.

Hyun, K. M. & Kim, W. Y. (2005) Frame of Korean women politicians in the 17th general election. *Media, Gender & Culture*, 3, 38-72. (韓国語論文)

石橋嘉一 (2005)「Yahoo! JAPAN チャットイベントにおけるレトリック分析——日常会話

から政党宣伝まで」神田外語大学大学院紀要『言語科学研究』第11号,57-76.
石澤靖治(2002)『総理大臣とメディア』文藝春秋.
稲葉哲郎(1994)「政治広告のスタイルと効果」飽戸弘(編)『政治行動の社会心理学』福村出版,pp.240-262.
稲葉哲郎(2001)「イメージの攻防──選挙を席巻するネガティブ・キャンペーン」池田謙一(編)『政治行動の社会心理学』北大路書房,pp.36-47.
茨木正治(2001)「新聞写真にみる大阪府知事選挙──写真・記事の分析をもとに」『選挙研究』第16巻,125-134.
自民党ホームページ http://www.jimin.jp
Johansson, B.(2005)The third-person effect: Only a media perception? *Nordicom Review* 1 /2005, 81-94 Retrieved February, 10, 2009, from http://www.nordicom.gu.se
Johnston, A. & Kaid, L. L.(2002)Image ads and issue ads in presidential advertising: Using videostyle to explore stylistic differences in televised political ads from 1952 to 2000. *Journal of Communication*, 52(2), 281-300.
Johnson-Cartee, K. S. & Copeland, G. A.(1991)*Negative political advertising: Coming of age*. Hillsdale, NJ: Lawrence Erlbaum Associates.
Kahn, K. F.(1996)*The political consequences of being a woman: How stereotypes influence the conduct and consequences of political campaigns*. New York: Columbia University Press.
Kaid, L. L.(2006)Political advertising in the United States. In L. L. Kaid & C. Holtz-Bacha(eds.), *The Sage handbook of political advertising*. Thousand Oaks, Calif.: Sage, pp.37-61.
Kaid, L. L. & Dimitrova, D. V.(2005)The television advertising battleground in the 2004 presidential election. *Journalism Studies*, 6(2), 165-175.
Kaid, L. L. & Holtz-Bacha, C.(2006)Television advertising and democratic systems around the world. In L. L. Kaid & C. Holtz-Bacha(eds.), *The Sage handbook of political advertising*. Thousand Oaks, Calif.: Sage, pp.445-457.
Kaid, L. L. & Johnston, A.(1991)Negative versus positive television advertising in U.S. presidential campaigns, 1960-1988. *Journal of Communication*, 41(3), 53-64.
Kaid, L. L. & Johnston, A.(2001)*Videostyle in presidential campaigns: Style and content of televised political advertising*. Praeger Publication.
片桐新自(2000)「政治過程における組織と運動」間場寿一(編)『講座社会学9 政治』東京大学出版会,pp.89-118.
川上和久(1998)「日本におけるメディア・ポリティックス──1996年総選挙におけるメディアの影響」『選挙研究』13号,100-109.
川上和久(2002)「政治広告の質的変容──アカウンタビリティのツールへ」『日経広告研究所報』201号,41-46.
河村直幸(2001)「現代日本の選挙キャンペーン広告史──草創期」新潟大学大学院現代社会文化研究科『現代社会文化研究』21号,1 -18.
Khang, H. K. & Tak, J. Y.(2006)Videostyles of televised political advertising in the U.S. and Korea. *Advertising Research*, 71, 33-59.
Kim, C. S.(2006)Analysis of Korean presidential election advertising, 1952-2002. *Advertising Research*, 72, 59-93.(韓国語論文)
古賀光生(2002)「選挙キャンペーンにおける『ジェンダーアピール』の位置付け」東大

法・蒲島郁夫ゼミ（編）『選挙ポスターの研究』木鐸社，pp.233-247.
小林哲郎（2008）「投票日直前における政治情報行動の効果――2007年参院選時のウェブパネル調査の分析」『日本社会心理学会第49回大会発表論文集』404-405.
小林良彰（2000）『選挙・投票行動』東京大学出版会．
児玉勝子（1981）『婦人参政権運動小史』ドメス出版．
公明党ホームページ http://www.komei.or.jp
国民新党ホームページ http://www.kokumin.or.jp
国会図書館ホームページ「史料にみる日本の近代」Retrieved February 28, 2009, from http://www.ndl.go.jp/modern/img_r/K002/K002-006r.html（法政大学大原社会問題研究所所蔵）
日本共産党ホームページ http://www.jcp.or.jp/
Lee, B. & Tamborini, R.（2005）Third-person effect and internet pornography: The influence of collectivism and internet self-efficacy. *Journal of Communication*, 55, 292-310.
毎日新聞1969年12月10日
毎日映画社，毎日EVRシステム，毎日放送制作（2001）『日本の記録　映像100年史　第22巻　激化する大学紛争　1967-68年（昭和42-43）』［ビデオ］.
Maeshima, K.（2005）The effects of televised candidate advertisements in U. S. elections.『敬和学園大学研究紀要』14号，143-161.
民主党ホームページ http://www.dpj.or.jp
みんなの党ホームページ http://www.your-party.jp
Newhagen, J. E. & Reeves, B.（1991）Emotion and memory responses for negative political advertising: A study of television commercials used in the 1988 presidential election. In F. Biocca（ed.）, *Television and political advertising: Psychological processes*（Vol. 1）. Hillsdale, NJ: Lawrence Erlbaum Associates, pp.197-220.
Norris, P.（ed.）（1997）*Women, media, and politics*. New York: Oxford University Press.
大前正臣（1977）「第3部選挙制度と選挙運動 Ⅳ イメージ選挙」杣正夫（編）『国政選挙と政党政治――総合分析1945年～1976年』政治広報センター，pp. 281-291.
大山七穂・国広陽子（2010）『地域社会における女性と政治』東海大学出版会．
逢坂巌（2007）「小泉劇場 in テレビ05年総選挙のテレポリティックス――『内戦』としての『改革』，その表象と消費」『選挙研究』22号，5-16.
岡本弘基（2003）「政党ウェブサイトの広告効果――インターネットユーザー調査に基づく実証分析」『選挙研究』18号，190-202.
Patterson, T. E. & McClure, R. D.（1976）*The unseeing eye: The myth of television power in national politics*. N.Y.:Putnam.
Perloff, R. M.（1999）The third-person effect: A critical review and synthesis. *Media Psychology*, 1, 353-378.
Peter, J.（2008）Third-person effect. In L. L. Kaid & C. Holtz-Bacha（eds.）, *Encyclopedia of political communication*. Thousand Oaks, Calif.: Sage, pp.789-790.
PHP総合研究所（2005）「マニフェスト白書」Retrieved March 1, 2010, from http://research.php.co.jp/manifesto/manifest20050726.pdf
Pinkleton, B. E., Austin, E. W., & Fortman, K. K. J.（1998）Relationships of media use and political disaffection to political efficacy and voting behavior. *Journal of Broadcasting and Electronic Media*, 42, 34-49.

Reese, S. D.（2003）Prologue-framing public life: A bridging model for media research. In S. D. Reese, O. H. Gandy, Jr., & A. E. Grant（eds.）, *Framing public life: Perspectives on media and our understanding of the social world*. Mahwah, NJ: Lawrence Erlbaum Associates, pp. 7-31.

Rucinski, D., & Salmon, C. T.（1990）The "other" as vulnerable voter: A study of the third-person effect in the 1988 U. S. presidential campaign. *International Journal of Public Opinion Research*, 2, 345-368.

Saito, S.（2008）Television and political alienation: Does television news induce political cynicism and inefficacy in Japan? *International Journal of Japanese Sociology*, 17, 101-113.

社民党ホームページ http://www 5.sdp.or.jp/

境家史郎（2006）『政治的情報と選挙過程』木鐸社.

境家史郎（2009）「政治的情報と選挙行動」山田真裕・飯田健（編著）『投票行動研究のフロンティア』おうふう，pp. 93-112.

Salwen, M. B. & Dupagne, M.（2001）The third-person perception of television violence: The role of self-perceived knowledge. *Media Psychology*, 3, 211-236.

佐藤直子・稲葉哲郎（2010）「2005年・2009年衆院選における新聞報道の内容分析」『日本社会心理学会第51回大会発表論文集』462-463.

Scammell, M. & Langer, A. I.（2006）Political advertising in the United Kingdom. In L. L. Kaid & C. Holtz-Bacha（eds.）, *The Sage handbook of political advertising*. Thousand Oaks, Calif.: Sage, pp.65-82.

Schafferer, C. with Kawakami, K.（2006）Electoral campaigning in Japan. In C. Schafferer（ed.）, *Election campaigning in East and Southeast Asia: Globalization of political marketing*. Hampshire: Ashgate, pp.11-28.

選挙制度研究会（編）（2007）『実務と研修のためのわかりやすい公職選挙法』（第十四次改訂版）ぎょうせい.

Shen, F.（2004）Chronic accessibility and individual cognitions: Examining the effects of message frames in political advertisements. *Journal of Communication*, 54(1), 123-137.

渋谷重光（1977）「政策主張より情緒的訴え」『科学朝日』1977年1月号，117-121.

白鳥令・田中靖政（1970）『テレビ政見放送の選挙に与える影響――昭和44年総選挙における二つの実験的研究』国民政治研究会.

新党日本ホームページ http://www.love-nippon.com/

新党改革ホームページ http://shintokaikaku.jp/

杣正夫（1977）「第3部選挙制度と選挙運動 I選挙制度の影響」杣正夫（編）『国政選挙と政党政治――総合分析1945年～1976年』政治広報センター，pp. 221-247.

総務省 e-Gov 電子政府の総合窓口イーガブ「公職選挙法」Retreived October 15, 2010, from http://law.e-gov.go.jp/htmldata/S25/S25HO100.html

Surlin, S. H. & Gordon, T. F.（1977）How values affect attitudes toward direct reference political advertising. *Journalism Quarterly*, 54(1), 89-98.

鈴木みどり（編）（2003）『Study Guide メディア・リテラシー：ジェンダー編』リベルタ出版.

たちあがれ日本ホームページ http://www.tachiagare.jp/

Tak, J.（2006）Political advertising in Japan, South Korea, and Taiwan. In L. L. Kaid & C. Holtz-Bacha（eds.）, *The Sage handbook of political advertising*. Thousand Oaks, Calif.: Sage, pp.285-

305.
高瀬淳一(1999)『情報と政治』新評論.
高瀬淳一(2005)『情報政治学講義』新評論.
玉井清(2006)「第1回普選の投票率と有権者の意識——選挙啓蒙運動を中心に」『選挙研究』21号, 137-157.
田中善一郎(2005)『日本の総選挙1946-2003』東京大学出版会.
谷口尚子・堀内勇作・今井耕介(2004)「政党サイトの閲覧は投票行動に影響するか?——2004年参院選時の政党サイトに対する有権者の評価」『NIKKEI RESEARCH REPORT』2004-Ⅳ, 16-19.
谷口将紀(2002)「マス・メディア」福田有広・谷口将紀(編)『デモクラシーの政治学』東京大学出版会, pp. 269-286.
The Livingroom Candidate: Presidential Campaign Commercials 1952-2008 http://www.livingroomcandidate.org
東大法・蒲島郁夫ゼミ(編)(2002)『選挙ポスターの研究』木鐸社.
東京新聞 Tokyo Web 2010年7月2日 Retrieved July 20, 2010, from http://www.tokyo-np.co.jp/article/feature/saninsen10/all/CK2010070202000235.html
東京都選挙管理委員会 a「各選挙における投票率」Retrieved March 1, 2009, from http://www.senkyo.metro.tokyo.jp/data/data02.html
東京都選挙管理委員会 b「選挙 Q & A(選挙運動と政治活動)」Retrieved July 10, 2010, from http://www.senkyo.metro.tokyo.jp/qa/qa03.html
辻村明(1977)「テレビ政見放送の効果」杣正夫(編)『国政選挙と政党政治——総合分析 1945年~1976年』政治広報センター, pp. 305-323.
Tuchman, G. (1978) The symbolic annihilation of women by the mass media. In G. Tuchman, A. K. Daniels, & J. Benet (eds.), *Hearth and home: Images of women in the mass media*. N.Y.:Oxford University Press, pp. 3-38.
植条則夫(2005)『広告コピー概論』(増補版)宣伝会議.
梅田俊英(著)・法政大学大原社会問題研究所(編)(2001)『ポスターの社会史』ひつじ書房.
内川芳美(編)(1980)『日本広告発達史 下』電通.
山田一成(1990)「現代大学生における政治的疎外意識の構造」『社会心理学研究』第5巻1号, 50-60.
山田一成・平林紀子・稲葉哲郎(1996)「政治広告の受容過程と情報効果」『第29次吉田秀雄記念事業財団助成研究報告書』
山本武利(1972)『新聞に見る政治広告の歴史』朝日新聞東京本社事業開発室.
山本武利(1984)『広告の社会史』法政大学出版局.
山本武利・津金澤聰廣(1992)『日本の広告——人・時代・表現』(改装版)世界思想社.
安野智子(2003)「JGSS-2001にみる有権者の政治意識」『JGSS 研究論文集 [2]』Retrieved December 10, 2008, from http://jgss.daishodai.ac.jp/japanese/research/monographs.html
読売新聞1996年10月15日
読売新聞2003年3月12日
読売新聞2007年8月8日
読売新聞2009年9月29日

読売新聞2010年5月12日，7月1日
読売新聞 YOMIURI ONLINE 2010年7月3日. Retrived July 20, 2010, from http://www.yomiuri.co.jp/election/sangiin/2010/news 2 /20100703-OYT 1 T00237.htm
読売新聞2010年7月21日
Wei, R. & Lo, V. H.（2006）The third-person effects of attack ads in the 2004 U. S. presidential election. *Media Psychology*, 9 , 367-388.
West, D. M.（1997）*Air wars: Television advertising in election campaigns, 1952-1996*（2 nd ed.）. Washington, D.C.: Congressional Quarterly.
ザ・選挙：JANJAN 全国政治家データベース Retrieved February 28, 2009, from http://www.senkyo.janjan.jp/

＊第Ⅰ部の図版，第Ⅱ部・第Ⅲ部の扉図版は，国立国会図書館ホームページ「史料にみる日本の近代」より転載した。
＊第3章の図版は，各党の許諾を得て掲載した。

付 録

---付録一覧---

付録1　第2章4節の内容分析の対象となった国政選挙
付録2　新聞政党広告の主なネガティブ表現
付録3　自民党の新聞政党広告における主要キャッチコピー・スローガン
付録4　人口学的属性と政治情報源利用との相関
付録5　人口学的属性と政治意識および政治的態度との相関
付録6　政党選択時の情報源に関する因子分析
付録7　政党選択時の情報源と人口学的属性，政治関与，政治知識との相関
付録8　政治意識と候補者選択時情報源としての選挙公報の評価との相関
付録9　政治情報の第三者効果に関する paired-t 検定
付録10　政治情報源別第三者効果の規定因
付録11　政党 CM の反応に対する因子分析
付録12　政党 CM の効果変数を基準変数とする重回帰分析
付録13　政党 CM の知覚的効果変数を基準変数とする重回帰分析
付録14　政党 CM の想起内容と想起度
付録15　政党 CM 想起度を基準変数とする重回帰分析
付録16　政党 CM 想起ミスを基準変数とする重回帰分析
付録17　政治広告評価の類型と主な発話内容

付録1　第2章4節の内容分析の対象となった国政選挙

衆議院議員選挙		
	投票日	公示日
第22回	1946年4月10日	1946年3月11日
第23回	1947年4月25日	1947年3月31日
第24回	1949年1月23日	1948年12月27日
第25回	1952年10月1日	1952年9月5日
第26回	1953年4月19日	1953年3月24日
第27回	1955年2月27日	1955年2月1日
第28回	1958年5月22日	1958年5月1日
第29回	1960年11月20日	1960年10月30日
第30回	1963年11月21日	1963年10月31日
第31回	1967年1月29日	1967年1月8日
第32回	1969年12月27日	1969年12月7日
第33回	1972年12月10日	1972年11月20日
第34回	1976年12月5日	1976年11月15日
第35回	1979年10月7日	1979年9月17日
第36回	1980年6月22日	1980年6月2日
第37回	1983年12月18日	1983年12月3日
第38回	1986年7月6日	1986年6月21日
第39回	1990年2月18日	1990年2月3日
第40回	1993年7月18日	1993年7月4日
第41回	1996年10月20日	1996年10月8日
第42回	2000年6月25日	2000年6月13日
第43回	2003年11月9日	2003年10月28日
第44回	2005年9月11日	2005年8月30日

参議院議員選挙		
	投票日	公示日
第1回	1947年4月20日	1947年3月20日
第2回	1950年6月4日	1950年5月4日
第3回	1953年4月24日	1953年3月24日
第4回	1956年7月8日	1956年6月12日
第5回	1959年6月2日	1959年5月7日
第6回	1962年7月1日	1962年6月7日
第7回	1965年7月4日	1965年6月10日
第8回	1968年7月7日	1968年6月13日
第9回	1971年6月27日	1971年6月4日
第10回	1974年7月7日	1974年6月14日
第11回	1977年7月10日	1977年6月17日
第12回	1980年6月22日	1980年5月30日
第13回	1983年6月26日	1983年6月3日
第14回	1986年7月6日	1986年6月18日
第15回	1989年7月23日	1989年7月5日
第16回	1992年7月26日	1992年7月8日
第17回	1995年7月23日	1995年7月6日
第18回	1998年7月12日	1998年6月25日
第19回	2001年7月29日	2001年7月12日
第20回	2004年7月11日	2004年6月24日
第21回	2007年7月29日	2007年7月12日

東京都選挙管理委員会ホームページを基に作成。

付録2　新聞政党広告の主なネガティブ表現

政党名・選挙	ネガティブ表現
公明党（1968年参院選）	政界の腐敗は目に余るものがあります。この5年間に，公明党の追及を糸口にして明るみに出された汚職・ムダ使いの総額——4,600億円！（これも氷山の一角！）
民社党（1974年参院選）	戦後の日本政治はほとんど自民党によって行われてきました。このため政治は腐敗し，権力化しています
日本共産党（1974年参院選）	物価上昇，公害の根源は？……大企業奉仕の「高度成長」政策。石油危機を招いたのは？……アメリカ依存政策。食糧危機の不安があるのは？……亡国農政。土地不足，地価暴騰をあおったのは？……「列島改造論」。
公明党（1974年参院選）	財界べったりの物価つりあげ政治に鉄ツイを!!
日本共産党（1974年参院選）	四割台の得票で八割の議席を独占しようという小選挙区制こそ，一党の永久独裁をもくろむものです。
日本共産党（1976年衆院選）	ロッキード金権政治に対決……財界献金がふえれば，物価もあがる。この金権ワイロ政治にとどめをさすことが，国民のくらしをまもり，政治をきれいにする唯一の道です。
日本社会党（1976年衆院選）	金がモノをいう醜悪な政治にとどめをさそう。……ロッキード疑獄……金がモノをいう"たかりの政治"……
民社党（1976年衆院選）	金権・汚職の保守勢力には，現在の混乱した政治を打開する能力も資格もありません。
民社党（1977年参院選）	腐敗・無能の保守政治はもう終わりです でも無責任な反対野党ではどうしようもない
日本社会党（1979年衆院選）	自民党は貝。総選挙後に口を開く ……増税が選挙の最大の争点となっているのに，自民党はひたすらこれをかくしている……大企業や土地助成などへの不公平税制をそのままにして，まじめに働くものの税負担を重くする自民党政府のやり方を，あなたは許せますか。
日本共産党（1979年衆院選）	このまま財界本位の日本をつづけたら，八〇年代は，たいへんな時代になりそうです。税金は二.五倍に。エネルギー危機。物価値上げ。小選挙区制。戦時立法。などなど。
公明党（1983年衆選）	自民党は，汚職かくし，軍拡，改憲，大増税，福祉切りすてを，国民に押しつけようとしています。
社労党（1986年衆参同時選挙）	"革新"＝社共の堕落は深い 腐敗と軍拡の自民党政権打倒

自民党（1989年参院選）	野党の税制改革案では，日本の将来が心配です。
税金党（1989年参院選）	自民いやなら税金党——消費税は白紙へ！
自民党（1990年衆院選）	自民党の消費税見直し案は責任がもてる現実的な案です。社会党の消費税廃止案は物品税など，多くの「間接税復活案」です。
日本共産党（1992年参院選）	世界の流れにさからうアメリカ，追随する自民党
公明党（1993年衆院選）	今度こそ自民党の一党支配を終わらせよう。
日本社会党（1993年衆院選）	腐敗を絶つ！　政治改革をつぶしたのは自民党です。
日本社会党（1995年参院選）	自民だけではできなかった　新進もできない。 社会党だからできる。
自民党（1996年衆院選）	7％増税を提案した細川さん，10％増税論の小沢さん，15％増税論の羽田さん。新進党は，本当は何％ですか。
社民党（1998年参院選）	コトの真相シリーズ4　社民党が自民，民主，自由の保守系議員が進める憲法調査委員会の国会設置に反対する理由
社民党（1998年参院選）	野党のときも，与党のときも，そして今，野党になっても，自民党の暴走を許さず，国民本位の政策を実現。
民主党（2000年衆院選）	「寝てろ」と言われて，寝てられますか？ 森首相に，自公政権にレッドカードを！　いまの政治，いまの社会，変えたい人の民主党。
社民党（2001年参院選）	大失業社会を招く小泉「改革」に反対します
社民党（2001年参院選）	キナ臭いぞ小泉内閣。危険な動きを押し返そう
新党・自由と希望（2001年参院選）	創価学会の政治支配と戦う唯一の政党です。
自民党（2004年参院選）	約束を守らない民主党にあなたは納得できますか？
日本共産党（2005年衆院選）	「改革」の名でなにかいいことあったでしょうか？　郵政民営化も，国民のためではありません
新党日本（2005年衆院選）	現政権は，この4年間で170兆円も赤字国債を発行し，1時間当たり39億円増加中。
民主党（2005年衆院選）	小泉内閣4年4カ月の間に何が変わったでしょうか……この政権をこれ以上続けさせることは日本を危うくするだけです。

出典：「朝日新聞縮刷版」に掲載された各選挙期間中の政党広告より抜粋し，作成

付録3　自民党の新聞政党広告における主要キャッチコピー・スローガン

	主要キャッチコピー・スローガン
1968年参院選	日本をよくする　自由民主党 日本の政治を担当できる政党は自由民主党です
1969年衆院選	お宅のしあわせを守る‥自民党 責任をもって実行します
1972年衆院選	日本列島改造をすすめる　自由民主党 決断と実行
1974年参院選	自由民主党は自由社会を守ります
1976年衆院選	日本に責任をもつ　自由民主党 日本の心を…… いま，日本の良さが求められている かつて日本に，いまほど自由で豊かな時代があったでしょうか…。しかし，そんな時代に暮らしながら，一方では日本の良さが失われるのではないか，と心配されています。
1979年衆院選	視界360度 大きな視野で明日を見つめます。 日本の政治を担当できるのは自民党だけです。
1980年衆参同時選挙	充実への挑戦。'80　自民党 一つの誓い　三つの安全
1983年参院選	やるぞ，行政改革。 自民党だから，お約束できます。自民党だから，実行します。
1986年衆参同時選挙	自由・平和を守って30年　自民党 自民党だから，「安心・安全・安定」です。
1989年参院選	自由を守って34年。自民党 野党の税制改革案では，日本の将来が心配です。
1990年衆院選	新たな気持ちで出直します——自民党 迷う，迷う，迷う，でも日本を任せられるのはやっぱり自民党。 みんなで決めて，みんなで動く，みんなのための政治。みんなで責任を持つ政治。自民党 自民党の消費税見直し案は責任がもてる現実的な案です。社会党の消費税廃止案は物品税など，多くの「間接税復活案」です。
1992年参院選	日本のために。世界のために。自民党 子どもたちの未来のために世界の平和のために汗を流すのがなぜいけないの？
1993年衆院選	実績が明日への力です　自民党 寄せ集めの政治に，いまの日本を，あなたは任せられますか。

	実績が明日への力です　自民党 安定した政治安心できる日本。お任せくださいこれからも。
1995年参院選	答えを出せる政党，自由民主党まで。
1996年衆院選	Open.　新しい自民党 7％増税を提案した細川さん，10％増税論の小沢さん，15％増税論の羽田さん。新進党は，本当は何％ですか。
	政策をならべるだけなら，だれでもできます。問題は実現できるかどうか。
1998年参院選	プラス　自民党 日本を"ヒトが財産"の国にしたい。
	グランドデザイン21「景気プラス」プロジェクトです。 困難な時こそ，プラスの姿勢で実行します
2001年参院選	さあ！　あたらしい日本へ　自民党 自民党を変える。日本を変える。
2003年衆院選	日本を，前へ。自民党 自民党は変わった！　改革政党になった。
2004年参院選	テーマは「日本」。自民党 この国を想い，この国を創る。 自民党は，政権政党として日本の中長期的な課題を見据え，新しい日本を創造していきます。
	テーマは「日本」。自民党 この国を想い，この国を創る。 景気回復の流れは決して止めない。 見え始めた改革の成長を，誰もが実感できるものに。
2005年衆院選	郵政民営化に再挑戦！　自民党 改革を止めるな。
2007年参院選	成長を実感に！　自民党 改革実行力 改革を貫き，美しい国へ。
2009年衆院選	日本を守る，責任力。

出典：「朝日新聞縮刷版」に掲載された各選挙期間中の政党広告より抜粋し，作成

付録4　人口学的属性と政治情報源利用との相関

	NHK報道	民放報道	新聞記事	NHK政治討論番組	民放政治討論番組	ワイドショー	時事週刊誌・雑誌	周りの人	インターネット
性別	.068*	-.056	.065*	.102**	.032	-.166**	.147**	-.126**	.126**
年齢	.239**	.142**	.332**	.341**	.302**	.019	.093**	-.061*	-.226**
学歴	.101**	.026	.093**	.040	.002	-.045	.050	.044	.144**

*$p<.05$　**$p<.01$

注）性別：男性1，女性0。学歴：専門学校以上1，高卒以下0。

付録5　人口学的属性と政治意識および政治的態度との相関

	性別	年齢	学歴	政治関与	投票参加度	政治知識	政治的シニシズム
年齢	-.013						
学歴	.106**	-.131**					
政治関与	.201**	.228**	.117**				
投票参加度	.028	.276**	.098**	.472**			
政治知識	.229**	.228**	.149**	.726**	.530**		
政治的シニシズム	-.061*	.057	-.047	.073*	.058	.052	
政治的無効感	-.221**	-.170**	-.115**	-.276**	-.201**	-.327**	.467**

*$p<.05$　**$p<.01$

注）性別：男性1，女性0。学歴：専門学校以上1，高卒以下0。
　　合成尺度：政治的シニシズム（$a=.894$），政治的無効感（$a=.835$）

付録6　政党選択時の情報源に関する因子分析

	項目	I	II	III	IV	共通性
政党媒体広告	政党機関紙	.775	.137	.192	.251	.720
	選挙公報	.760	.253	.124	.118	.671
	政党ビラ・マニフェスト	.698	.235	.232	.235	.652
	政党ホームページ	.677	.176	.355	.114	.628
メディア報道・政見放送	民放の報道	.091	.851	.109	.244	.804
	NHKの報道	.227	.847	.104	.088	.788
	新聞記事	.246	.704	.259	-.002	.623
	政党政見放送	.476	.532	.141	.157	.554
マス媒体政党広告	政党CM	.175	.194	.841	.167	.804
	新聞政党広告	.395	.253	.748	.062	.784
	政党ポスター	.274	.077	.608	.543	.745
直接コミュニケーション	周りの人の話	.170	.159	.074	.841	.767
	街頭演説・宣伝カー	.406	.161	.306	.571	.610
	固有値	2.926	2.548	2.078	1.597	
	寄与率	22.509	19.598	15.981	12.282	70.370

付録7　政党選択時の情報源と人口学的属性，政治関与，政治知識との相関

	政党媒体広告	メディア報道・政見放送	マス媒体政党広告	直接コミュニケーション
性別	-.066*	-.051	-.081**	-.149**
年齢	.043	.108**	.082**	-.158**
学歴	.066*	.057	-.039	-.048
政治関与	.216**	.241**	-.028	-.061*
政治知識	.234**	.228**	-.040	-.078*

*$p<.05$　**$p<.01$

付録8　政治意識と候補者選択時情報源としての選挙公報の評価との相関

	政治関与	投票参加度	政治知識
選挙公報	.231*	.254*	.240*

*$p<.01$

付録9　政治情報の第三者効果に関する paired-t 検定

	自分に対する影響 (a)	他者に対する影響 (b)	第三者効果 (b-a)	t 値 (df)
新聞政党広告	2.50 (1.040)	2.96 (.924)	.467	-13.604 (684)**
政党CM	1.91 (.901)	2.68 (1.028)	.768	-24.147 (977)**
政党政見放送	2.65 (1.015)	3.11 (.934)	.456	-13.656 (709)**
政党ホームページ	3.02 (1.085)	3.25 (.918)	.238	-2.950 (129)*
候補者ポスター	2.31 (.987)	2.79 (.942)	.484	-18.894 (1037)**
新聞政治報道	2.86 (1.058)	3.32 (.913)	.462	-16.585 (1084)**
テレビ政治報道	2.98 (1.090)	3.47 (.965)	.490	-17.116 (1084)**

*$p<.01$　**$p<.001$

付録10　政治情報源別第三者効果の規定因

説明変数＼基準変数	新聞政党広告	政党CM	政党政見放送	政党ホームページ	新聞政治報道	テレビ政治報道
性別	.101*	.107**	.042	.121	.112***	.130***
年齢	-.008	-.035	.085*	.226*	-.021	-.012
学歴	.016	.038	.046	.199*	.037	.088**
政治知識	-.016	.082*	-.017	.009	-.034	.043
自由度調整済み R^2	.005	.022***	.004	.071*	.011**	.029***

*$p<.05$　**$p<.01$　***$p<.001$
注）性別：男性1，女性0。学歴：専門学校以上1，高卒以下0。

付録11　政党 CM の反応に対する因子分析

	項目	I	II	III	IV	V	共通性
娯楽性	政党 CM にしては新鮮	.880	-.113	-.019	-.119	.107	.813
	見ていて面白い	.846	-.022	-.104	.103	.121	.753
	いつもの政党 CM のイメージと違う	.829	-.168	.049	-.147	.065	.743
	ふざけている	.645	.108	.104	-.391	-.214	.638
	軽い	.550	.265	.050	-.518	-.151	.666
抽象性	具体的なことが分からない	.004	.839	-.159	-.093	-.192	.775
	漠然としている	.028	.839	-.132	-.037	-.238	.780
	曖昧である	-.044	.836	.074	-.200	-.085	.754
	抽象的である	-.006	.797	-.054	-.045	-.037	.642
	他の政党との違いが分からない	-.346	.483	-.267	-.216	-.193	.508
攻撃性	批判的である	.019	-.026	.896	-.145	-.088	.833
	他政党を批判しているところがある	-.036	-.004	.831	-.043	-.031	.695
	見る人の不安をあおっている	.227	-.105	.724	-.226	.040	.639
	前向きである	.091	.079	-.703	.407	.032	.675
	社会問題を指摘している	-.069	-.383	.563	.011	.145	.490
信頼性	信用できる	-.103	-.099	-.101	.757	.088	.612
	安心感がある	.163	-.111	-.342	.704	-.055	.654
	真面目である	-.571	-.129	.056	.635	-.052	.752
	誠実である	-.258	-.036	-.211	.609	.209	.527
	くだらない	.447	.168	.200	-.525	-.146	.565
メッセージ性	政党のイメージや理念が分かりやすい	.109	-.276	-.088	.079	.793	.731
	政党の主張や政策が伝わる	-.048	-.426	.053	.001	.711	.692
	伝えようとしているメッセージが明確である	.302	-.263	.274	.128	.682	.716
	党首や党関係者のイメージを全面的にアピールしている	-.196	-.238	-.244	.180	.448	.387
	固有値	3.859	3.717	3.339	2.98	2.149	
	寄与率	16.081	15.487	13.911	12.418	8.954	66.850

付録12　政党 CM の効果変数を基準変数とする重回帰分析

説明変数＼基準変数	注目度	広告態度	政党 CM の望ましさ評価	話題性	非実現性
性別	−.043	−.011	.055	.042	.119
政治関心	−.119	−.043	−.153	−.015	−.287*
政治的シニシズム	−.070	.106	.311*	−.065	.477**
政治的無効感	−.135	−.038	−.084	−.095	−.173
娯楽性	.739***	.319***	−.345***	.482***	−.050
抽象性	−.024	−.214**	−.366***	−.036	.119
攻撃性	.095	−.290***	−.107	.177+	.206*
信頼性	−.036	.560***	.357***	.070	−.120
メッセージ性	.245***	.243***	.285***	.129	−.189*
自由度調整済み R^2	.658***	.586***	.490***	.261***	.149**

+$p<.1$　*$p<.05$　**$p<.01$　***$p<.001$
注）性別：男性 1，女性 0。
　　合成尺度：政治的シニシズム（$a=.750$），政治的無効感（$a=.754$），広告態度（$a=.907$）

付録13　政党 CM の知覚的効果変数を基準変数とする重回帰分析

説明変数＼基準変数	自分への影響 (a)	他者への影響 (b)	第三者効果 (b−a)
性別	.004	.083	.090
政治関心	.019	−.064	−.098
政治的シニシズム	.167	−.042	−.258
政治的無効感	−.023	.224+	.284+
娯楽性	.133+	.117	−.034
抽象性	−.287**	−.215**	.117
攻撃性	−.358***	−.175*	.253*
信頼性	.440***	.499***	.013
メッセージ性	.188*	.239**	.035
自由度調整済み R^2	.401***	.424***	.076+

+$p<.1$　*$p<.05$　**$p<.01$　***$p<.001$
注）性別：男性 1，女性 0。
　　第三者効果 自由度調整済み $R^2: p=.05$
　　第三者効果は，他者に対する影響から自分に対する影響を引いた値である。

付録14　政党 CM の想起内容と想起度

想起内容	想起度（標準偏差）
中心情報	
政党名	.50（.502）
スローガン	.74（.443）
党首	.49（.502）
中心情報その他	.02（.134）
周辺情報	
一般人	.12（.324）
風景などの映像	.40（.492）
音楽	.15（.363）
周辺情報その他	.06（.245）

付録15　政党 CM 想起度を基準変数とする重回帰分析

説明変数 ＼ 基準変数	中心情報想起度	周辺情報想起度
性別	-.249*	-.272*
娯楽性	.041	.179+
抽象性	.059	-.039
攻撃性	.096	-.045
信頼性	-.048	-.088
メッセージ性	.248*	.106
自由度調整済み R^2	.058+	.085*

+ $p<.1$　* $p<.05$
注）性別：男性1，女性0。
　　中心情報想起度 自由度調整済み R^2: $p=.06$

付録16　政党 CM 想起ミスを基準変数とする重回帰分析

説明変数 ＼ 基準変数	想起ミス
性別	.210*
娯楽性	-.069
抽象性	.003
攻撃性	-.095
信頼性	.145
メッセージ性	-.256**
自由度調整済み R^2	.068*

* $p<.05$　** $p<.01$
注）性別：男性1，女性0。

付録17　政治広告評価の類型と主な発話内容

【政治広告シニシズム型】

◎全体
・政策・マニフェストなどについて発言・主張をしていても，後になって変化したりすることもあるので，あまり当てにならないと思うし，政治広告も同じだと思う（30代女性J）
・多大な広告料を使うのは反感を買う。広告するなら，きちんとした行動計画を伝えるべき（50代女性S）

◎新聞政党広告
・政党CMと似た印象を受けるが，テレビよりはまだ好印象。ウケを気にしているような感じで嫌気がさす。もっと真面目にやってほしい（30代女性J）
・情報が限られている。資金力のある政党がより良い広告を作り出せる（40代男性K）
・広告は見るが，インパクトも感じないし，どれも同じように見える。他にお金の使い方があるのでは，と感じる（50代男性P）
・要らない。宣伝ではなく，具体案を冊子などで出すべき（50代女性S）

◎政党CM
・心を動かされることはない（20代男性A）
・影響は受けないと思う。宣伝カーなど，政治家が直接訴えるキャンペーン手段に比べると，気持ちが伝わらないような気がする（20代男性C）
・作られた感じがするから本心が分からない……15秒のCMだと考えが伝わらない（20代女性F）
・時間が短く，キャッチフレーズしかないので，それで判断しようと思わない。お金がもったいない（30代男性G）
・あっても悪くないが，CMによって意見や支持政党が左右されることはない（30代男性H）
・これで判断しようとは思わないし，印象が変わることもない。選挙の時期と思う程度（30代女性I）
・わざとらしい感じがして笑ってしまう。観ていて冷める。テレビCMはしない方がいいと思う（30代女性J）
・どうせ良いことしか言わないから，そんなお金があるなら国民に回せと思う（40代男性L）
・党の名前は印象に残るが，そんなお金があるなら他に使えと思う（40代女性N）
・何を伝えたいかが理解できない。政党のイメージは残るが，選挙につながるものはなかった（50代男性P）
・小泉氏が出演するCMは勢いがあった。今の自民党の庶民ぽさをアピールするCMはミスマッチのような気がする（50代女性Q）
・どれも同じことを言っているように感じる。ただ聞くだけで流し見（50代女性R）
・あまり効果がない。うそっぽいし逆効果。党首によっては頼りないように見える。余計なお金を使わない方がいいと思う（50代女性S）

◎政見放送
・堅苦しいことを言っていて分かりづらいというイメージ（20代女性 D）
・読んでいるだけで本心が伝わってこない（20代女性 F）
・反論したり，解説する人がいないため，支持しない政党の放送は偏ってみえる。いつやっているのか分からない（30代男性 H）
・たまたまチャンネルを変えていたら放送していた程度で，いつ放送しているのかも知らない（30代女性 I）
・演説している人は，本当にその政党の意図を理解して入っているのか。ひどいものが多い（40代男性 K）
・北朝鮮のニュースのよう。棒読みで，何かを読んでいるだけのように聞こえる（40代男性 L）
・いいことしか言わない。理想と現実のギャップを感じるときがある（40代女性 N）
・皆同じようなことばかりで分かりにくい（50代男性 O）
・本来ならばその人の言いたいことが分かるはずだが，それだけでは決め手にならない（50代男性 P）

【政治広告評価型】

◎全体
・興味を持ってもらうという面では，やらないよりはやった方がいいと思う（20代女性 E）

◎新聞政党広告
・マニフェストや方向性が分かり，ゆっくり読めるのでテレビよりはいい（30代男性 G）
・写真や全面広告などはインパクトがある（20代男性 C）
・広告の中では，新聞の政党広告は，情報が多く，読んでいて分かりやすいし，信頼性がある（20代女性 D）
・文章で出ている方が残る。テレビだと聞き流してしまう（50代男性 O）

◎政党 CM
・民主党の小沢氏の CM で改革を訴えていて，頑張っているんだな，と思った……インパクトはテレビの方がある（信頼性は新聞の方が高い）（20代女性 D）
・他と比べて政治家自身が直接働きかけているので，心に響くものはあるし，インパクトがある……新聞よりテレビの方が，インパクトがある（20代女性 E）
・民主党の CM など，昔よりも庶民に近いことをアピールしている（30代男性 H）
・印象に残る（が，政策が分かりづらい）（40代男性 K）
・政党によってイメージが違う。社民党や共産党は具体的なメッセージを出している（40代女性 M）
・新聞やインターネットを見る時間があまりないので，政治にあまり興味を持っていない人には耳に残ると思う（40代女性 N）
・分かりやすく印象に残りやすい。マニフェストを CM でももっと分かりやすく伝えてほしい（50代男性 O）

◎政見放送
- 非常に大事で,どんな候補者でも公平に話せるのでいい仕組みだと思う(30代男性 G)
- 面白いと思った。話すのが上手いなと感じた。CM よりは主張が伝わる。演出などで無駄がない分,良いと思う(30代女性 J)
- 変な人も出てくるので面白い。他の放送では,メジャーな人しか出てこない(40代女性 M)
- 決め手にならないが,色々な人の考え方を知るチャンス(50代女性 R)
- 必要である。真面目で良い。生の声が聞けるので良い。時間が短くて型にはまっている感じ(50代女性 S)
- 必要である(60代男性 T)

【政治広告提案型】

◎全体
- しゃべり方で知性などが分かるから討論は良いと思う。政治家は市民に伝える力が大切だと思う。言い合いだけで終わっていることが多いため,その点では討論は良くない(30代男性 H)
- 政見放送よりはホームページの方が候補者の主張などが分かりやすい(30代女性 I)
- インターネットで選挙運動が禁止されているのは時代錯誤(30代男性 G)
- テレビに出ている政治家は,いつも決まった人が多い。それらの人も党を代表して出てくるから大事だと思うが,それ以外の人(若い人や党首ではない人)がテレビで話す機会や,党首同士ではなく党員同士の意見交換の場,討論の場があると面白いと思う(40代女性 N)
- 最近の情報番組などで,問題や現状を数字などで具体的に伝えているパターンがあって良いと思った。参考になる(50代女性 Q)
- 絶対に実現できることのみ見せるべき……誠意が大切である(60代男性 T)

◎政見放送
- 形式を変え,もっと観やすい時間に分かりやすい内容にした方が良い(20代女性 F)
- 何かを焦点としたディベートの方がいい(40代男性 L)

【政治広告消費型】

- 政党 CM は,具体的な主張,政策を掲げたものより,個人のキャラクターを打ち出しているものや面白い内容の方が印象に残っている(20代男性 B)
- 以前「小泉劇場」という表現もあったが,真面目な政治報道よりは,むしろ民放などで政党・政治家の対立構図などを面白おかしく伝えた方が,政治に興味がない層も,政治に興味を持ってくれるのではないか(20代男性 C)

人名索引

【あ行】
アイゼンハワー　19, 33
青島幸男　18
麻生太郎　77, 78
安倍晋三　16, 72
池田勇人　16, 62
石澤靖治　57
石原慎太郎　18, 19
稲葉哲郎　4, 23, 55, 65, 108
茨木正治　95
内川芳美　16, 20
宇野宗佑　16
梅田俊英　13
扇千景　66
逢坂巌　66
太田房江　95
大前正臣　18, 20
大山七穂　21
岡本弘基　105
小沢一郎　23, 45, 65, 66, 72, 73, 74
オバマ　35

【か行】
カイド, L.L.　1-3, 29-33, 35-37, 48, 49, 54, 70, 71
片桐新自　9
蒲島郁夫　4, 37, 70
カペラ, J.N.　107
亀井静香　74, 83
カワカミ, K.　10, 18
川上和久　2, 4, 21-23, 65, 73
河村直幸　2, 4
カン, H.K.　31, 32, 49
カン, K.F.　87
菅直人　74, 80, 81
神崎武法　66, 74
キム, C.S.　31, 32

キム, W.Y.　88
キャンベル, A.　107
国広陽子　21
グリン, G.　107
ケネディ, ジョン・F　18, 19
ケリー　34, 35
小池百合子　92
小泉純一郎　16, 24, 44, 66, 69
小泉進次郎　81, 82
ゴールドウォーター　33
小林良彰　106
今東光　18

【さ行】
サイトウ, S.　108
境家史郎　106
佐藤栄作　18, 20
佐藤直子　108
ジェミーソン, K.H.　107
シャフェレ, C.　10, 18
ジョンストン, A.　30, 32, 33, 35
ジョンソン　33, 63
鈴木みどり　92
スティブンソン　33

【た行】
大松博文　18
高瀬淳一　1, 4, 16, 58
タック, J.　10, 31, 32, 49
タックマン, G.　92
田中角栄　16, 20
田中善一郎　9
田中眞紀子　92
田辺誠　56
谷垣禎一　81
谷口将紀　107
玉井清　14

199

津金澤聰廣　4, 12, 13
デイビソン，W.P.　109
ディミトロバ，D.V.　37, 70
デュカキス　34
土井たか子　21, 63, 66, 92, 100

【な行】
中曽根康弘　16
ニクソン　18, 19
野田聖子　92
ノリス，P.　88

【は行】
橋本龍太郎　16, 64-66
羽田孜　23, 45, 65
鳩山由紀夫　57, 74, 77, 78
ハリス，R.J.　30
パレツ，D.L.　106
ピーター，J.　109
ビストロム，D.G.　89, 90, 97, 99
ヒトラー　34
ヒョン，K.M.　88
平林紀子　4
フェルドマン，O.　16, 105
福島瑞穂　73, 83
藤原あき　18, 19

ブッシュ，ジョージ　33, 34
ブッシュ，ジョージ・W　34, 35
ボイニー，J.　106
星浩　66
細川護熙　16, 21, 23, 45, 65
ホルツ-バッハ，C.　1-3, 29, 31, 32, 36, 48, 49, 54, 71

【ま行】
舛添要一　84
松あきら　83
マッケイン　35
丸川珠代　82
美濃部亮吉　18, 20
宮沢喜一　56
ミラー，W.E.　107
森喜朗　44

【や・わ行】
山口那津男　83, 84
山田一成　4, 107
山本武利　3, 4, 9, 12-14
安野智子　108
渡辺喜美　82, 83
綿貫民輔　74

事項索引

【あ行】

愛国心アピール　48, 49, 51
明るい選挙推進協会　103, 105, 116
アニメスタイルの広告〔CM〕　73, 76
アピール技法　31
アメリカ大統領選　19, 30-35
暗示的ネガティブ表現　38
意見広告　21
イメージ攻撃型のネガティブ表現　55
イメージ広告　30, 32, 48, 65
イメージ選挙　18, 19
インターネット　24, 75, 76, 105, 134, 171
　　——選挙　85
　　——選挙解禁　24, 78, 80, 84
　　——による選挙運動　76, 78
　　——利用者　133, 134, 146
演説会の告知広告　12
大阪府知事選挙　95
「小沢ガールズ」　91, 100

【か行】

「回転ドア」　33, 34
韓国総選挙　88
韓国大統領選　31, 32, 36, 49
感情的アピール　31, 48, 50
京都府知事選　20, 21
「小泉チルドレン」　100
攻撃性　35, 76
広告記憶　155
広告宣伝費　23
広告的情報　1, 104, 171
広告的政治情報　29
広告に対する記憶度　108
広告の有用性評価　103, 104, 110
公職選挙法　3, 14
公職選挙法改正　22
候補者選択時の情報源　145

候補者選択要因　122, 128, 142
候補者ポスター　138
候補者ポスターの評価　162
公約・マニフェスト　125
55年体制　9, 21

【さ行】

サウンドバイト　16, 66
CM考査　57, 58
CM考査基準　58
CM総合研究所　72, 75
CMの想起度　155
JGSS　108
ジェンダー・フレーミング　99
ジェンダー・フレーム　87, 94, 96
衆議院議員選挙法改正　10, 13
自由新聞　12
自由党　12
自由民権運動　12
象徴的消滅　92
女性議員比率　90
女性政治家　87
女性政治家のイメージ　92-94
女性の政界進出　87
新党ブーム　21
新聞政党広告　37
　　——の登場人物　41
　　——のネガティブ表現　41
　　——の評価　157
　　——の分析　37
新聞選挙広告　22
信頼性アピール　31, 48, 49
ステレオタイプ的報道　92
スローガン　16, 75, 155
政権交代　75-78
政見放送　20, 22, 171
政治意識　105, 114

201

政治改革関連法　22
政治活動　3, 47, 76
政治広告　3, 4, 29
　　──格差　24
　　──シニシズム　2
　　──の原型　10
　　──の効果　149
　　──の評価　137
　　──への接触経験　116
政治広告評価の類型　167
　　政治広告シニシズム型　167
　　政治広告消費型　169
　　政治広告提案型　169
　　政治広告評価型　168
政治参加　106
政治情報源　115, 127, 134, 147, 164
政治情報源評価　171
政治的シニシズム　36, 67, 107, 108, 110, 135, 147
政治的無効感　107, 108, 135
政治的有効性感覚　106-108, 135
政治ニュース　73
政治報道　29
政党イメージ　122, 142
政党イメージ戦略　66
政党機関紙　20
政党CM　23, 138
　　──における国民像　58
　　──の登場人物　58
　　──の評価　159
　　──の分析　47
政党CM反応尺度　149
　　娯楽性　151, 154
　　攻撃性　151, 154
　　信頼性　152
　　抽象性　151
　　メッセージ性　152
政党政見放送の評価　160
政党選択時の情報源　125, 131, 145
政党選択要因　122, 127, 142
政党別報道傾向　74
政党ホームページ　105, 138

政党ホームページの評価　161
選挙運動　3, 47, 76
選挙期間の縮小　22
選挙キャンペーン　20
選挙啓蒙活動　14
選挙公営　2
選挙広告　3
選挙公報　14
選挙公約　24
選挙コンサルタント　19
選挙粛正委員会令　14
選挙情報源　103
戦略型フレーム　107, 110
戦略型報道　108
争点型報道　108
争点広告　30, 32, 48
双方向的政治コミュニケーション　24

【た行】
第1回普通選挙　10, 13
第三者効果　108-111, 146-148, 153
男性政治家　87
中傷的表現　57
ツイッター　24
「デイジー少女」　33, 63
テレビCM　20, 23, 77
テレビ政党CM　47
動画チャンネル　76
東京都知事選挙　18, 20
党首イメージ　122, 142
投票参加　106, 108

【な行】
「ニクソン・ガールズ」　19
日常広告　3
ネガティブ広告　33, 35, 36, 108
　　暗示的ネガティブ表現　38
　　イメージ攻撃型のネガティブ表現　55
　　批判型のネガティブ表現　55
　　明示的ネガティブ表現　38
ネット広告〔CM〕　34, 76-78, 80
年金記録問題　69

【は行】
初の選挙広告　13
ビジュアル戦略　72
批判型のネガティブ表現　55
フェイスブック　24
普通選挙制導入　13
普通選挙法　13
フレーミング　29
ブログ　24, 78
放送局の自主規制　58
報道的情報　1, 104, 171
ホームページ　24, 78
ポジティブ広告　33
本格的政党成立　9

【ま行】
「マドンナブーム」　21, 63, 100
マニフェスト　24, 75, 78, 105
明示的ネガティブ表現　38
メディアにおける性差別　92
メディアの影響　109
メディア報道　107

【や・ら・わ行】
ユーモア・アピール　48
ユーモア性　36, 51
ユーモラスな広告　66
ラジオCM　23
論理的アピール　31, 48, 51
ワンフレーズ・ポリティックス　24

著者紹介

李　津娥（いー・じーな）
東京女子大学現代教養学部人間科学科コミュニケーション専攻教授。慶應義塾大学大学院社会学研究科博士課程修了（社会学博士）。専門分野は広告論，メディア論。東京女子大学現代文化学部コミュニケーション学科専任講師，准教授を経て，2008年より現職。著書に『現代社会心理学——心理・行動・社会』（共著，慶應義塾大学出版会，2004年），訳書に『マス・コミュニケーション理論——メディア・文化・社会（上・下）』（共訳，新曜社，2007年）などがある。

政治広告の研究
アピール戦略と受容過程

初版第1刷発行　2011年3月3日©

著　者　李　津娥
発行者　塩浦　暲
発行所　株式会社　新曜社
〒101-0051　東京都千代田区神田神保町2-10
電話(03)3264-4973・Fax(03)3239-2958
e-mail info@shin-yo-sha.co.jp
URL http://www.shin-yo-sha.co.jp/

印刷　亜細亜印刷　　　　　　　Printed in Japan
製本　イマキ製本所
ISBN978-4-7885-1223-8　C3036

―――― 好評関連書 ――――

スタンリー・J・バラン，デニス・K・デイビス 著
宮崎寿子 監訳／李 津娥・李 光鎬・鈴木万希枝・大坪寛子 訳
マス・コミュニケーション理論〈上・下〉
メディア・文化・社会

A 5 判336頁／288頁
本体3600円／3300円

メディアと社会，そして人間の関係をクリティカルに捉えるための必携テキスト

K・ロス，V・ナイチンゲール 著／児島和人・高橋利枝・阿部 潔 訳
メディアオーディエンスとは何か

A 5 判296頁
本体3500円

オーディエンス論の系譜を体系的に一望し，ネット時代のメディアと私たちの関係を再考

岡田直之・佐藤卓己・西平重喜・宮武実知子 著
輿論研究と世論調査

A 5 判244頁
本体3200円

輿論／世論とは何か？　戦前から戦後の議論を跡づけ，公共性〈神話〉に切り込む

平松貞実 著
社会調査で何が見えるか
歴史と実例による社会調査入門

四六判304頁
本体2400円

個人情報保護法などにより壁に突き当たっている社会調査の，面白さと必要性を再確認

阿部 潔・成実弘至 編
空間管理社会
監視と自由のパラドックス

四六判272頁
本体2400円

空間を管理する新たな権力の全貌を捉え，現代社会における自由の可能性を問う

小玉美意子 編
テレビニュースの解剖学
映像時代のメディア・リテラシー

A 5 判192頁
本体1900円

「受け手」からアクティヴな「読み手」へ。目から鱗の，テレビニュースの読み方

林 香里 著
マスメディアの周縁，ジャーナリズムの核心

A 5 判464頁
本体5500円

マスメディアの周縁にジャーナリズム精神の蘇生と可能性をさぐる気鋭の意欲作

―――― 新曜社 ――――

（表示価格に税は含みません）